CREATIVE MARKETING

创意营销

中国互联网营销新趋势

金麦奖组委会 ◎ 编著

❤ 中国友谊出版公司

金麦奖组委会

主　　　席：胡志弘

执行秘书长：姚　斌

参与本书编著者信息

出品人：高海浩

总策划：蒋国兴

总监制：胡志弘　韩晓军

主撰稿：金定海

主编审：姚　斌

策　划：陈青晓　王含晓

编　辑：吴冰冰　阎　峰　顾海伦　吕文婷　尚　禾

2014 golden wheat Award
2014 金麦奖精彩回顾

事件回顾

2014.03.25 上　海	2014首场女鞋峰会展示金麦奖
2014.04.26 厦　门	2014金麦奖首场宣讲会 —— 泛互联网整合营销
2014.05.28 哈尔滨	2014金麦奖宣讲会 —— 跨境跨界整合营销
2014.06.01 全　国	2014金麦奖招赛启动
2014.06.14 杭　州	2014金麦奖宣讲会 —— 互联网女装峰会
2014.07.03 杭　州	2014首场县域经济与电子商务园区论坛展示金麦奖
2014.07.05 海　宁	2014金麦奖宣讲会 —— 泛互联网整合营销
2014.07.25 全　国	《巅峰营销：2013中国电商营销案例年鉴》正式出版发行
2014.08.23 青　岛	2014金麦奖宣讲会 —— 泛互联网整合营销
2014.10.10 杭　州	2014金麦奖颁奖盛典暨中国（杭州）国际电商营销峰会新闻发布会
2014.10.11 杭　州	电商媒体研究院成立仪式和iMedia自媒体大会预热金麦奖年终盛典
2014.11.22 全　国	2014金麦奖初审启动
2014.12.06 杭　州	2014金麦奖终审会
2014.12.19 杭　州	2014金麦奖年终颁奖盛典暨中国（杭州）国际电商营销峰会

活动掠影

2014年12月6日，第二届金麦奖终审评选会在杭州举行，对约300个参赛案例进行了深入解读与评选。

金麦奖的奖项评选从市场洞察的精准度、创意策略和项目目标的紧密度、电商营销渠道运用和用户体验优化的水平、营销策略的创新程度等方面进行考量，同时更加重视案例的实施结果。经过评审们激烈的讨论、评议、复议、投票，2014金麦奖最终评选出了女装类、男装类、鞋包类、时尚配饰类、母婴类、彩妆护肤类、手机数码类、家电类、食品饮料类、家装生活类、交通类、平台类、视频类、其他类等金银铜奖。同时，评审委员经过长达三轮的阐述和投票，评选出了2014金麦奖的全场大奖，最终确定150个入围案例、58个获奖案例。

金麦奖上海站

　　3月25日的上海宣讲会与国际知名会展公司汉诺威米兰展览联合，在"第三届上海国际名牌鞋业皮具展"中召开了2014年度首场金麦奖宣讲会。会议围绕鞋履品类电商营销展开讨论，是国内首个国内外鞋履制造商与中国电子商务经销商、服务商交流的盛宴，超过400个欧洲名品鞋履品牌商、传统鞋类领先企业主、鞋类独立B2C平台负责人、国内优秀电商服务商、国内鞋类电商企业主参加了会议，分享了电子商务推动传统鞋类品牌产业升级、鞋类网络购物数据解读、鞋类零售中的O2O互动管理等鞋类电商营销运营策略，并现场剖析鞋类品牌在电商发展上遇到的瓶颈与困惑。本次会议促进了欧洲名品鞋履品牌进入中国电子商务市场，打通了国内服务商涉外脉络，打造了首个国内外鞋履制造商与中国电子商务经销商、服务商的交流平台。

金麦奖厦门站

　　4月26日，金麦奖在厦门召开了本年度第二场宣讲会，主题则是更广泛也更前沿的"泛互联网整合营销"，探讨未来互联网营销的跨平台、跨媒体趋势。为契合主题，厦门宣讲会首次提出"无处不营销"的概念，现场布置、观众体验、互动环节等等细节，无一不体现营销模式的创新和无处不在。包括现场指引牌使用马云、刘强东、雷军等大佬的卡通形象，用"大佬指路"一改以往酒店水牌指路的呆板模式。每位观众还获得了一个盖有金麦奖印章的神秘信封，打开后可加入现场观众微信群，边聆听专家演讲，边讨论发问，多屏实时互动。配合4月最流行的话题"土豪才吃得起茶叶蛋"，宣讲会提供了茶叶蛋点心，迎合热点制造话题。这些创意在金麦奖之后的活动中被广泛运用，引发了参会观众的强烈关注和自发传播，真正做到了"无处不营销"。

金麦奖哈尔滨站

5月28日，金麦奖登陆冰城哈尔滨举办第三场宣讲会，围绕哈尔滨当地跨境贸易、农产品等特色，以跨境跨界以及线上线下整合营销等为主题，探讨了传统企业利用跨境电商如何转型、农产品电商化等话题。

金麦奖杭州站

互联网女装战场上一直战火纷飞，竞争和合作每天都在上演。在互联网女装产品同质化严重、价格战此起彼伏的市场环境下，怎样提高品牌溢价，如何主动抓取站外流量入口，如何横向发展、布局多品牌战略等问题正是未来互联网女装的决胜关键。

2014年6月14日，金麦奖互联网女装峰会在杭州洲际酒店召开，就以上问题展开了探讨和展望，为未来互联网女装的发展提供对话的机会。

金麦奖海宁站

海宁市是"2013年中国电子商务发展百佳县"榜单第三，也是2014年第二届金麦奖第五站，本次论坛围绕海宁特色皮衣皮具产业，就如何提升服装品牌溢价能力、粉丝经济、传统店铺电商转型等话题进行了探讨，海宁市委常委、常务副市长姚敏忠出席了本次会议并做了讲话，力求共同推进海宁电商营销生态的发展。

金麦奖青岛站

2014年8月23日,金麦奖实效营销论坛第六站在青岛落下帷幕,胶州市胶北街道党工委书记马锦秀以及胶州市副市长胡长富、青岛市商务局副巡视员王志刚做了致辞,并举行了特色中国·胶州馆开馆仪式。会议围绕区域电商、农产品电商、信息化与工业化融合、传统企业电商运营模式、跨境内外贸融合等议题进行了深度探讨。

2014金麦奖年终盛典

2014金麦奖颁奖盛典暨中国（杭州）国际电商营销峰会立足于国内电商全局，探讨电子商务在全球化环境下的战略和新趋势。

峰会以"下一个五年"为办会主题，凸显政府引导、市场运作，站在全球发展的维度，以交流分享为基础，落地实效发展，打造国内国外、线上线下、场外场内联动的总体原则，通过电商营销领域的领军人物的观点演说，从中国电商趋势、品牌发展、营销策略、企业管理、人才储备、技术创新等多个维度进行深度交流分享。

目录 CONTENTS

前言　献予时代的电商营销秀　1

上篇　狂飙突进的中国电商——2014 中国电商趋势报告

网络是未来生活的组织者　3

电商:"充分网络化"平台战略　8

场景:消费的虚拟与真实　13

社区:入口的决策布局　18

产品:从 B2C 到 C2B　22

用户:用理性还原感性　27

促销:从价格到服务　33

重新品牌化　38

未来大趋势　40

中篇　顶尖品牌的营销盛宴

"文艺女神"的新衣——茵曼2014年《女神的新衣》整合营销项目　43

草木本无心，奈何有心人——草木之心品牌突围之道　55

万万没想到，"沙发"是这样被卖出去的——林氏木业双十一主题营销方案　65

骆驼凶猛，勇战双十一——2014骆驼品牌双十一整合营销　74

地产老大甘做电商菜鸟——2014万科"买房不用等十年"双十一专场购房活动　82

没有风格，传播无法走远——gxg.jeans双十一"下雨就免单"　91

气味·计——气味图书馆之众筹北京气味　103

"陪伴"是一种功夫——"三只松鼠"案例　113

下篇　未来电商营销新趋势

转型，才有突破——互联网时代传统行业、企业的转型　125

以"造节"之名行"购物"之实——注意力经济背景下电商的造节营销　134

跨界这件事——基于案例研究的电商跨界营销"三问"　145

始于名人，终于销售——浅析名人效应在电商营销中的应用　155

新概念，新玩法，新焦点——电商平台的"概念营销"　163

梦想还是要有的，万一实现了呢——不得不说的创意众筹　173

公益是大益——电商时代的公益营销　192

前言
PREFACE

献予时代的电商营销秀

互联网时代赋予媒体最为突出的特征莫过于人人皆可发声,人人皆可为自己代言。在这样的时代里,最不缺乏的是信息,最稀缺的也是信息。传统营销的"大渠道、大创意"模式在互联网时代被分割得支离破碎,延续200多年的经典营销理论忽然间失去效用。不过,有危机也就意味着有机会,这正是新一代品牌及营销人的机会。

这一轮的"互联网+"的浪潮来势汹涌,席卷全球。在这一轮的风潮里,互联网大环境下的新营销术如雨后之春笋,以迅雷不及掩耳之势占领电商界。新营销术新在哪里?从技术层面来说,无线网络和智能终端的飞速发展促使多屏时代迅速到来,这意味着营销所传达的品牌概念到达目标人群的触点越来越多,伴随着越来越快的信息传播速度,品牌传播的效应堪比病毒式传播。而在营销创意方面，更多大胆、新颖的点子可以通过技术手段多平台高度整合地呈现出来，创新营销模式已然成为常态。当然，站在品牌商的角度，多平台营销带来的反馈机制使得品牌更加了解自己受众，精准的营销不再是空谈。

  商场如战场，一年一沉浮。金麦奖每年评选全网最有效和最有创意的跨平台、跨渠道的实效营销案例，为电商企业提供最新营销思想和案例，为传统转电商的企业提供切入电商的理想模式。2014金麦奖年终盛典闭幕以后，优秀案例被整合集结，沉淀成《创意营销：中国互联网营销新趋势》一书。在这本书里，我们看到了一场思维的盛宴，一个个奋斗在这个时代最前沿品牌的智慧结晶。让我们拭目以待！

金麦奖组委会

PART ONE

/ 上篇 /

狂飙突进的中国电商——2014 中国电商趋势报告

网络是未来生活的组织者

互联网已经成为基本世界观

2014年,中国网民已经是目前世界最大的国别化网络用户群体,中国电商已经成为全球电商最新鲜概念与商业模式的试验田,中国大众的网购行为亦已蔚为世界上最大规模的商务活动。在这一年里,中国公司阿里巴巴于美国上市并最终在年底成为全球第四大市值的IT企业。在中国,互联网成为了整个社会的基础架构和标准配置,网络"麦特卡夫法则"(网络价值是网民数量的平方)被6.5亿用户的巨大规模所验证,日本人大前研一所说的"四个世界"(实体世界、全球化世界、倍数经济世界、网络数字化世界)的重叠变为了现实。

2014年,"互联网思维"概念已从滥觞转为泛滥,"互联网基因"从话题成为中国企业的潮流标签,"互联网+"经长期酝酿并在2015年初石破天惊般地被提出,迅速成为全民议论焦点。"新常态"已成为解释当前中国经济发展和社会转型的关键概念,而"互联网+"则成为了解决这一历史性课题的战略方法。

2014年,人们探索互联网环境下新的商业影响力模式(Influence Mix),以场景时代（Age of Context）的到来阐释O2O的诸多现象，在中国乌镇举办的世界互联网大会提出以DT（Data Technology，数据技术）将替代IT（Information Technology，信息技术），大数据（Big Data）的传播和应用如水银泻地般渗透到整个社会空间。

2014年，新年伊始就上演了一场"抢红包"的喜庆大战；滴滴打车和快的打车则以数亿元补贴投入展示了赤裸裸的价格大战；电影《匆匆那年》与大众点评网跨界合作；电视节目《女神的新衣》推动了T2O（TV to Onlion，即电视与网络）的巧妙联动；顺丰开"嘿店"从物流斜插入终端，开设虚实体结合的店铺，从而打造了全新的产业链；三全鲜食则打造智能售卖终端，结合O2O方式从家庭餐桌突围到餐饮市场；凡客追随小米的极致策略，收缩产品线到只剩"一件衬衫"；全电商品牌茵曼却追求重资产，以丰富的产品线斩获电商第一女装的地位。奔驰smart首创网上卖车已不再是新闻，万科继之在网上卖房，京东到家开始将平台延伸到生鲜。在"双十一"，阿里系创纪录地达到了571亿销量，唱出了电商年度的最华彩高音。成功者节节走高，尝试者还在路上，失败者则各有各的失败因由。

2014年，入口争夺成为电商的战略焦点。阿里巴巴与腾讯在社交化入口展开激战，支付宝和微信钱包在支付入口形成相持。而在地方化生活应用入口，滴滴打车和快的打车在情人节联姻，58同城与赶集网于2015年初成为一家，移动端和固定端完成了强者恒强的垄断性布局。

2014年，众多的现象级事件，使得这一年成为中国电商发展中波澜壮阔的一年。永远在线、永远互联的互联网将"互联网思维"推进到了现实中的"互联世界"。

互联网已经是我们基本的世界观，网络已成为社会生活的组织者。

大数据里看电商

数据记录着2014年中国电商的真实与幻象。

中国互联网络信息中心（China Internet Network Information Center，简称CNNIC）发布的第35次《中国互联网络发展状况统计报告》显示，截至2014年12月，我国网民规模达6.49亿，互联网普及率为47.9%。手机网民规模达5.57亿，较2013年增加5672万人。我国互联网用户中使用手机上网人群占比由2013年的81.0%提升至85.8%（见图1-1）。

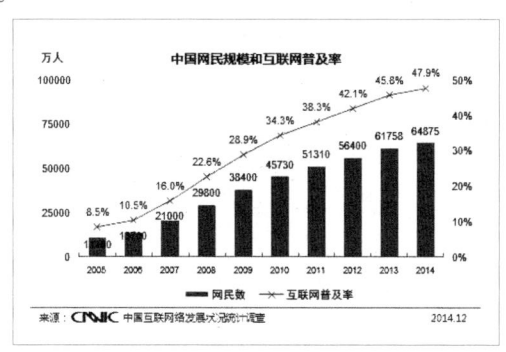

图1-1 近10年中国网民规模和互联网普及率

商务部发布的《中国电子商务报告（2014）》明确指出：我国电子商务已成为国民经济重要的增长点，网购已经成为大多数中国人生活中的自然组成部分。

2014年，我国电子商务交易总额增速（28.64%）是国内生产总值增速（7.4%）的3.86倍，全年网络零售额增速（49.7%）较社会消费品零售总额增速（12.0%）快37.7个百分点。

2014年，与电子商务密切相关的互联网行业收入增长约50%；全国信息消费规模达到2.8万亿元，同比增长18%；信息消费拉动了相关产业1.2万亿元的发展，对GDP贡献约0.8个百分点。

2014年，我国移动电子商务呈现爆发式增长，移动购物市场交易规模达到

8956.85亿元，年增长率达234.3%；我国微信用户数量已达5亿，同比增长41%。

在2014年的B2C市场中，天猫市场份额占比超过六成，京东占比为18.6%，其余B2C企业中唯品会、1号店、国美的增速均高于B2C市场整体增速。就自主销售为主的B2C市场而言，京东占比近五成，苏宁易购占比达到8.5%，唯品会占比达到7.7%，其他项中小米手机官网发展迅速，整个市场集中度依然较高（见图1-2）。

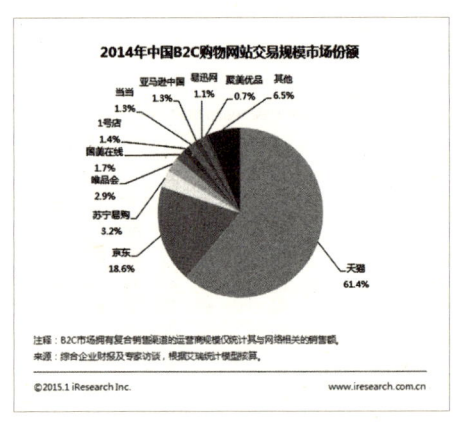

图1-2 2014年中国B2C购物网站交易规模市场份额

在2014年移动购物市场的企业份额中，阿里无线、手机京东、手机唯品会占据前三，份额分别为86.2%、4.2%、2.1%。艾瑞咨询[1]分析认为：一、阿里无线一家独大，占比86.2%，其无线端通过"淘宝+天猫"提供平台服务，在由交易入口向无边界生活圈转型；二、京东方面则联手腾讯，以手机客户端、微信购物、手机QQ购物、微店等全面布局移动端；三、唯品会、苏宁易购、聚美优品、1号店、国美在线、亚马逊、当当、买卖宝等也纷纷发力移动端，市场竞争较激烈（见图1-3）。

---

[1] 艾瑞咨询集团（iResearch）成立于2002年，是一家专注于网络媒体、电子商务、网络游戏、无线增值等新经济领域，深入研究和了解消费者行为，并为网络行业及传统行业客户提供数据产品服务和研究咨询服务的专业机构。

上篇：狂飙突进的中国电商
——2014中国电商趋势报告

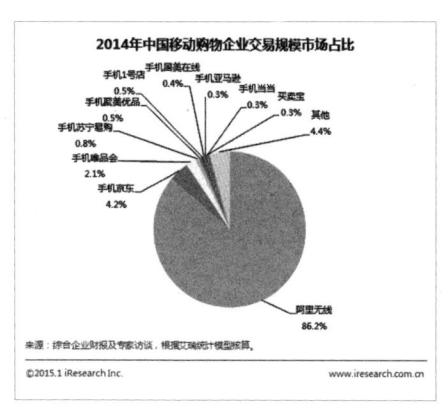

图1-3 2014年中国移动购物企业交易规模市场份额

2014年，中国电子商务市场异军突起，引领着世界的产业变革，无论是"双十一"高达571.1亿元的交易额（图1-4），抑或阿里巴巴正式在纽交所挂牌交易，中国正在用自己的方式书写着新的零售革命。

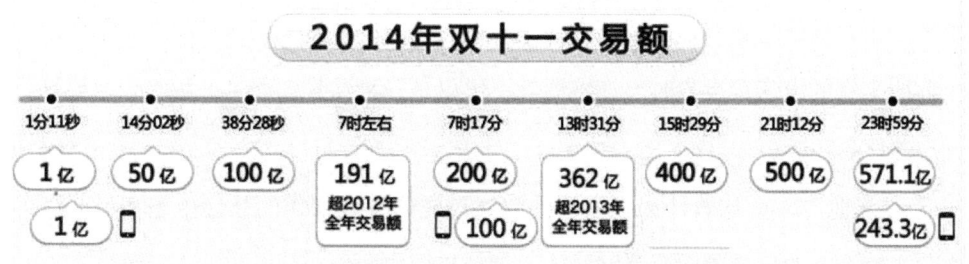

图1-4 2014年天猫双十一交易额时间轴

根据国家邮政局的数据显示，2014年"双十一"期间，中国快递数量达5.4亿件，同比增长56%。预计2014年全年快递数量将超过120亿件，甚至逼近140亿件，业务量首次超过美国，成为全球第一。

毋庸置疑，电商已经成为国人当下和未来生活的重要组织者。

电商："充分网络化"平台战略

互联网在更深地搅动我们的生活，网络环境的诸多问题也在更深地呈现。支付宝和财付通之间无法互联互通，滴滴和快的被社会多方诟病，异军突起的Uber时刻面临行政管理部门的阻击。传统的产业惯性和既定的社会规则阻碍和强烈排挤着"充分网络化"的网络世界的到来。

什么是"充分网络化"？2014年，中国互联网巨头马云、马化腾用一些更朴素的概念描述自己理想中的互联网和互联网理想。马化腾提出，腾讯想做的是"连接器"，而马云则主张DT时代要信仰"利他"主义："相信只有别人成功，你才能成功。"

"连接器"意味着什么？当以互联网为连接器，软件与硬件，现实与虚拟，线上与线下，传统与新兴，时间与空间，地方与全球，将这一切连接起来，创造出一个前所未有的大连接世界时，连接器就不仅仅是一种器具，而是一种组织、协同、开放的社会功能。

"利他"，意味着什么？强调开放，形成分享、协作的社会生态和产业链形态。当每个产业环节都向互联网开放，行动与用户协作，利益与他人分享，这样的互联网就是"充分网络化"的互联网，是具有良好社会生态的可依托的网络经济。

自1993年美国著名经济学家穆尔（Moore）首次提出"商业生态系统"开始，在其后20年里，经查尔斯·汉迪（Charles Handy）的"合作伙伴网络"概念、马可·扬西蒂（Marco Iansiti）和罗伊·莱温（Roy Levien）等人"共赢"主张的进一步完善，直至2013年普渡大学陈威如博士在其出版的《平台战略》中指出：良性的商业生态，就是一种平台战略。平台是一种媒介，它连接多个群体，按照开放的网络环境所提供的信息便利、沟通便利法则，弯曲和打碎既有的产业链，重组企业的商业模式和生产、管理、营销等主要环节，有效激励多方群体互动和进行多边的自由协作，这正可谓是马化腾所言的"连接器"；同时，平台具有网络外部效应，即对整个社会具有正向的影响，主要是帮助实现社会总成本中信息和沟通成本的降低，以及社会总福利中工作效率的提升，而这也正是马云所谓的"利他"。

"充分网络化"的平台应该是：

第一，平台开放化。

2014年在中国诞生了诸多的平台模式，如京东自营平台模式、淘宝开放平台模式、苏宁云商平台模式、顺丰嘿店终端平台模式、微信微商模式、唯品会专业化垂直平台模式，等等。然而，没有哪一种模式可称作理想的终极模式，最重要的是实现"充分网络化"效应的平台模式。当企业、媒介、渠道商、大众在一个网络平台上，基于充分开放的"利他"原则被连接起来，完全可以根据自身的商业信念和资源禀赋，利用无边的互联网所给予的创新福利而发现自身的商业模式、管理模式、生产模式和营销模式。

京东创始人刘强东强调：购物应该很简单，解决一个问题就可以创业成功。京东平台模式的合理性，或者说京东解决的是中国本土营销的什么问题？是通过自营、自送，形成了较为闭环的购物安全性保障。回看当代中国营销发展历程，不难发现，自1997年开始在电视机等家电领域展开的价格大战，使得中国本土品牌终于以价格取胜于国际品牌，也开启了消费者廉价购物的时代，而京东则是通过互联网，在消费者和购物安全性之间建立起了直接的连接，开启了安全购物的新时代。安全是极大的社会成本，因此我们可以说京东的自营平台模式是一种基于降低社会总成本的互联网效应。

淘宝的创新福利在于其C2C2B的模式，一方面极大降低了企业创业成本，另一方面通过提供海量商品提高了顾客购物的效率。总体而言，其更偏向于提高社会总效率的互联网效应。

唯品会的创新福利与京东、淘宝的不同在于它是一个专业化垂直平台，即其所说的"一家做特卖的网站"。其专业化不仅在于商品主要集中在女性和童婴用品，而且其每日与具有一定声誉的100家品牌商进行奥特莱斯式的特卖合作。中国学者吴德胜和李维安将品牌声誉、搜索成本和网上交易市场的成交率作为三个变量，进行研究证明：较高的品牌声誉，能降低网络搜索成本，获得较高的重复购买率。因此，唯品会既较之淘宝有较低的搜索成本，相比京东又避免了封闭经营模式带来的较高声誉成本（必须为平台所有商品做背书）。这是专业化的代价，也是其优势所在。

因此，模式无优劣，唯有向无边的互联网世界充分开放，才能带来创新的商机。

第二，平台无摩擦。

2014年，中国移动互联网用户达到5.6亿人，占中国整体网民规模（6.48亿）的86%以上。根据 InMobi 发布的《2014中国移动互联网用户行为洞察报告》，91%的移动互联网用户表达了在2014年将会进行移动端购买或支付的意愿。从移动端用户的暴增，不难窥见一个低技术、低成本门槛、无摩擦进入互联网时代的到来。加州大学伯克利分校的迈克尔·阿姆布朗斯特（Michael Armbrust）等人对云计算曾提出六个方面的总结，即对开放性互联网络的特点的总结：1.资源无限；2.有需要才付费（无其他投资）；3.无须预先付费（即付即用）；4.数据库应用上的规模经济效应；5.多用户协力造成的效果倍增；6.虚拟化带来的操作简化。

大量通过手机而非web端接入互联网的用户，对电商平台将产生全新的影响和要求：更便捷的下单交易和由更便捷的支付方式所带来的更感性的消费模式；社交影响，如点评、留言、转发、讨论等人际传播和UGC（用户原创内容）开始对消费决策产生更为直接和重要的影响；物流进度在移动终端上的即时显示，使得物流开始成为一种实时的信息流，当信息流和物流合一时，将对消费者体验做出重大贡献，同时，所有由此产生的大数据将以C2B的形式对供应链的及时响应和灵敏应对产生重大影响。

第三，平台矩阵化。

由统一大平台拆分，向多平台、多层次平台、平台矩阵组合模式发展，形成针对不同细分市场的策略性平台，这昭示了平台型电商发展的进一步成熟。全网平台的运营，或通过分销的方式实现全网平台的铺货，等于扩大了营业面，实现了对消费者更有效的拦截和迎合，也分散了单一平台经营的风险。淘宝和天猫针对C2C和B2C分别进行平台组合架构；京东在主力自营平台之外，也有所谓的商家开放平台（POP）。阿里巴巴和京东这两个最大的电商，其组织结构在2014年的多次变阵，其实正是电商在经营管理层面上的战略和策略走向成熟的重要标志。此外，那些缺少社交架构的平台电商，也不得不以微博、微信等微平台作为外挂的社交组件。这就构成了更为多样化的平台矩阵。

第四，平台创新化。

平台的创新有着多重含义，首先是原本不具有网络即时性优势的产品，开始走向网络平台，例如万科等企业开始网上卖房，smart在网上卖车。其次，是空间拓展，各地自贸区的红火开展，使得海淘成为一个足够大并可以占据电商平台一角的项目。但网络电商平台最亮眼的创新，是对生鲜领域的进军。以国际上Amazon Fresh和Famigo为样本，顺丰优选、我买网、天猫、苏宁易购、本来生活网等诸多电商将此作为重要的差异性服务项目。京东开办"京东到家"，通过系统思考并确认安全性是用户核心利益之后，采取了直采、直营、直送的方式，以类似美国Famigo社区对农场的合作模式，全面进军生鲜领域。同时，大量的独立生鲜电商、微信平台的生鲜农产品类微商开始爆发。

第五，平台本地化。

网络视野全球化，网络生活本地化。后2.0时代的门户化网络逐渐失去了强大的中心化影响力，本地化生活服务类的网站开始火爆。腾讯以城市为单元，不仅在web端建立了独立页面，2015年初即出手在微信端全面建设地方性的"城市生活服务平台"。而微信平台以朋友圈为半径，多年以来更强化了地方化效应。具有强烈本地化色彩的电商，如以江浙沪为核心半径的1号店能倔强生存，其根本原因就是地方化生活的强大支撑。电商平台的本地化，为大数据营销提供了更为精准的货物配送的可能，实现了网络化时代品牌的真正黏性营销，而本地化的成本优势也将助推本地化平台的成长。

场景：消费的虚拟与真实

每一次消费，都是对生活场景的再现

产品即应用，应用即场景。在智能终端条件下，各类消费和各种APP应用直接相关，各种应用即是对生活场景的再现。

如今的消费者，消费观念已经大大不同于传统的消费者。他们有五花八门的需求，他们对于产品的需求已经超越了产品本身的意义，更多时候追求的是消费带给自己的舒适与快感。是否决定购买一款商品或服务，打动他们的通常不是产品本身，而是产品消费为他们带来的附加意义。更多时候，用户消费的不是产品或服务本身，而是在消费一种场景。

通常情况下，消费者在进行消费之前，就会在他们的头脑中构想出一幅诱人的场景。这些场景在很大程度上影响了消费者，他们会因为对内心场景的渴望而产生购买欲望。为了尽可能实现这些预想的美好场景，消费者在进行购物时会将各种各样的商品堆积在自己的想象空间内，以完成自己的场景幻想。

在这个过程中，商品不再是传统意义上的实用型产品，而是帮助消费者构筑想象场景的道具。因此，商品关注的焦点不应该只限于自身性能、特性的好坏，它应该能够在最大程度上满足用户心理，引发生活联想，构建消费场景。这样的商品才会受到消费者的关注，从而激发他们的购买欲望，最大限度地实现产品的价值。

场景已经成为用户消费行为的核心要素，它决定着产品的好坏，直接影响营销策略的成败，间接导致销售业绩的高低。成功的产品销售不再局限于推销自己的产品，更在于消费理念的推广、生活方式的传播、生活观念的出售以及消费态度的塑造与培养。冷冰冰的商品不会吸引消费者目光，只有散发着生活气息、生动活泼的产品才会走进消费者心里。

产品或是服务要打动消费者的心，走进消费者的内心，除了做好产品本身之外，还需要有漂亮的营销。对于产品的营销方面，需要解决的核心问题就是如何进入消费者特定的生活场景。大多数时候，商家们把目光集中于产品本身，却忽视了产品怎样才能满足消费者特定消费场景的问题。如果一个产品仅仅是做得好，不考虑产品、品牌与消费者的关系，无法进入消费者的生活场景，那么这个产品就不会有太长的生命周期。因为成功的产品与品牌是融入消费者的生活场景的，而不同的生活场景则对应不同的消费产品。

如今的消费者是挑剔的、理性的，他们掌握丰富的商品信息，有多种购买渠道，有多重的选择。企业商家若想真正赢得消费者，就必须要考虑用户的场景需求与满足用户的情感幻想。场景变成了产品营销的一个关键词，只有掌控了场景，产品才会有市场。任何产品与营销必须要能够嵌入特定的、具体的、真实的场景，提供良好的体验式消费环境，让消费者感到舒服，令他们满意，多方地提供产品与服务的场景体验，最终刺激消费者的购买行为。

成熟的电商不会只关注于自身产品的优劣或一味鼓吹产品的优势，而是在宣传产品的同时，为产品添加生活场景，让消费者感受到鲜活的气息，从而打动消费者的心。没有生活气息的营销于消费者而言，只是冰冷陌生、令人生厌的聒噪。

基于电商大数据的平台，产品的场景化是更加精准、细致的营销模式。例如，"女神的新衣"案例中，其淘宝店铺的宣传环节，采用明星街拍、高清晰度的图片展示以及产品的详情植入，增加了产品的场景体验，成功地引导了消费群体，提升了转化率。此外，店铺还精心打造了"素人变女神"的话题，全程记录"素人"到

"女神"变身的过程，将消费者带入到现实的生活场景中，并且有效地提升了产品的亲民度。在媒体宣传环节，品牌借力电视节目与媒体评论增强社会效应，成功向社会大众输出产品信息，提升品牌价值，实现品牌的华丽升级。

产品消费即场景消费，关键在于挖掘消费场景的痛点，并满足特定的场景需求。产品营销需要制造场景、发掘场景、植入场景，走进消费者真实的生活场景，才能赢得消费者，占领市场。

O2O不是简单的线上和线下

O2O不是简单的线上和线下，是对生活场景的无缝拼接！所以，线上和线下的划分，本身就是错误的，因为如今的移动互联网时代已经成为永远在线、永远互联。这才是我们当下最真实的生活实景。所以，O2O不能抽象为从网络信息到线下实体消费环境的逻辑化延续，而是从一个场景到另一个场景的连续追踪和提示，是对一种生活方式的镜像折射。"女神的新衣"案例说明，从线上电视到在线的电商，再到线下的实体环境，构成了一个时尚生活方式的连续提示与指引。

大众点评网将传统的餐饮搜索引擎和电子地图相结合，在移动互联时代成为一个具有高度情景化制造能力的电商平台。它和电影《匆匆那年》的跨界合作，正是对年轻人生活场景和生活方式的拼接和追踪。腾讯入股大众点评，与大众点评合作的一系列商业活动，其实质就是对消费者生活场景的争夺。

传统媒体的关键要素是内容与形式，互联网媒体加入了社交元素，而移动互联网媒体则是更进一步增加了场景元素。场景作为移动媒体的关键，它决定了人们的行为特点和需求特征。2014年，移动互联时代的中国电商发生了深刻的变化。"女神的新衣"在电视观众和移动互联网用户重叠的场景中找到了契机，通过电视与在线电商的合作，引导消费者在特定观看场景下产生购买行为，为用户创造了"边看边买"的全新场景消费体验。

未来电子商务争夺的是场景消费

网络支付、网络金融是最典型的场景消费。抢红包大战,本质上是对消费者支付场景的争夺。网络支付,无论是支付宝、微信卡包等,在场景制造上仍有很长的路要走。

"春晚微信抢红包"活动构建了一个生动的生活场景。良好的互动体验,有趣实用的生活服务,把人们从传统的现实场景中带入了一个全新的虚拟环境,在这个过程中,传统媒体的受众迅速转化成了新兴媒体的用户,而转化过程的关键在于场景的无缝连接与更替。

互联网的场景包括虚拟场景和应用场景。网络游戏属于虚拟场景,而互联网的应用产品创造的用户体验属于应用场景。移动互联网的场景包括真实场景和虚拟场景,用户的消费行为完全融入于这两大场景中。其中,真实场景其实是互联网用户场景的细分与极致化。由于场景元素的融入与体验,移动互联时代促生了场景理论。场景理论是一套以场景为核心的理论构建模型,它指出场景概念包含的五大要素,分别是移动设备、社交媒体、大数据、传感器与定位系统。场景是新一代互联网的产物,它涉及的不仅是传统的互联网,更是移动互联网以及物联网。传统媒体时代争夺的是眼球,互联网时代争夺的是流量,而移动互联网时代争夺的则是场景。

淘宝是阿里巴巴为普通大众设置的网购场景,它满足了用户省时省钱的购买欲望,迎合了消费者随时随地购物的心理需求。在移动互联网时代,网络支付、在线支付是抢夺消费者的黄金领域。腾讯和阿里巴巴分别推出了"嘀嘀打车"(后更名为滴滴打车)和"快的打车"两个移动客户端APP,旨在抢夺移动互联背景下消费者的支付场景，这正是现实生活中消费者日常出行的场景再现，它们的出现不仅便利了消费者，让打车变得方便、快捷又实惠，同时也给司机带来了实实在在的福利，使用"滴滴"和"快的"的司机和乘客均可获得额外的现金奖励，进一步鼓励、刺激用户使用在线支付。

目前以及未来电子商务的发展前景将是场景消费的制造与争夺战。在移动互联网时代，用户需求日新月异，如何满足用户层出不穷的需求则是企业电商们需要永恒追寻的主题。互联网巨头腾讯收购大众点评，占领生活消费场景。腾讯入股京东，携手进入移动场景。未来的电商领域，可谓是"无场景，不营销"。

场景大热背后隐藏的重要问题是人们的文化观与价值观的转化，良好的场景体验与呈现不仅能够触碰人们内心柔软的部分，更重要的是产品与品牌价值观的植入与用户消费观念的培养。每逢节假日，各大电商的促销活动来势汹汹，用户奔走相告，蜂拥而至，场面火爆异常。商家们借助故事、音乐等多元化表现形式，不断制造节日的氛围，丰富节日的内容，赋予节日新的内涵。通过不断美化节日场景，强化带有仪式感的文化符号，营造消费环境，商家们将用户卷入隆重的"节日文化"场景内，引导人们的价值取向，塑造人们的文化观念，唤醒人们的消费意识。如此，用户的购买行为不再是单纯的消费与交易，而是具有仪式感、庄重感的情感活动。商家们成功地进行了商品营销、品牌塑造、文化传播，在赢得利益的同时，获取了用户的信任，与消费者进行了深层次的情感交流，增加了用户对品牌的忠诚度。

社区：入口的决策布局

从PC端到移动端的发展，"得入口者得天下"这句话始终是互联网发展的精髓之一。入口就是需求，入口同样也是阵地。互联网世界里的那些成功品牌，无一例外都是入口的占领者。

2014年1月，百度宣布全资收购人人所持全部糯米网股份，成为糯米网全资大股东，糯米网更名为"百度糯米"。

2014年2月，腾讯与大众点评宣布达成战略合作。

2014年2月，阿里巴巴宣布收购高德全部股份，使高德成为阿里巴巴旗下全资子公司。

2014年3月，腾讯与京东建立战略合作伙伴关系。

2014年3月，阿里巴巴投资银泰商业。

2014年4月，阿里巴巴入股优酷土豆。

2014年6月，腾讯入股58同城。

2014年6月，阿里巴巴宣布与恒大足球达成战略合作协议。

2014年6月，阿里巴巴与UC优视联合宣布，UC优视全资融入阿里巴巴。

2014年11月，小米投资优酷土豆、爱奇艺。

2014年12月，小米科技与美的集团达成战略合作，小米科技斥资12.66亿元入股美的集团。

2014年12月,百度宣布以6亿美元战略投资优步(Uber),与优步达成全球范围内的战略合作伙伴关系。

……

纵观2014年互联网巨头们之间的收购大战,入口之争不可避免。

从电子商务发展的角度来看,品牌争入口就意味着争用户,说白了就是争直面用户的机会。深耕电子商务的品牌们正积极地从更多层次、更稳定的入口和用户们"亲密接触"。这样的"亲密接触"需要在品牌和用户之间建立一个横向和纵向交织的网:横向意味着更多移动接触点的挖掘,纵向则是指虚拟品牌社区的构建。

多层次的移动接触点

2014年是移动电子商务发展大年。品牌们对于"接触点"的理解已经不再仅仅局限于媒介平台,它可以是用户生活中的任意一个触发点。它囊括了用户生活中的一切需求,购物、社交、阅读、娱乐、学习……需求就是生产力,需求就是沟通点。从产品开发、包装设计到营销策略、传播渠道乃至沟通话题的选择等每一个细节,都成为了可能的触点。

大数据是电商平台最喜闻乐见的接触点分析土壤。对既有购买者、潜在购买者数据的搜集、整合、洞察是一套专业而缜密的方法体系。每一次的搜索、每一次的交易都是数据,经过客观、理性的分析,得出的结论真正做到了市场、行业、运营三位一体:把握垂直市场的消费诉求,准确跟踪行业动态,精细化运营,降低不必要的营销支出。2014年的电商品牌们期待更高效合理的数据分析工具。

电商们打破传统营销时间和空间的规律,在用户所偏好的"场景"中触发随时随地随意的消费可能。同时,电商们的营销策略同样击中众多用户的"痛点",在拥挤不堪的信息世界里"安身立命"。

移动端的需求已经成为所有电商共同面临的巨大市场。随着智能手机、平板电脑的普及，以及2013年年底工信部发放4G牌照，中国移动、中国电信、中国联通相继公开披露4G资费信息，4G商用进程全面启动。网络环境的日渐优化，有助于加快移动端上网速度，提升用户移动端上网体验，进而推动移动购物市场发展。

积极型用户与UGC成为消费者体验的基本动力和显著因素：黄太吉、雕爷牛腩等品牌电商的线下延伸，使得消费者赋权和UGC成为当前电商的一个显著的特征。"产品就是接触点"的观念越来越被重视，产品的社交性能不再止于"晒一晒"，更多依赖于功能的演进。

虚拟品牌社区的构建

电商品牌在不断扩展"基建"的同时，也悉心耕耘着品牌与用户关系建立的内涵深度。

虚拟品牌社区已成为消费者决策的必要中介环节：移动网络媒介使得人际关系被媒介化，人际传播和大众传播的边界被打破。消费者和品牌之间被插入了人和人际关系的因素，人与品牌之间呈现出复杂函数关系。所谓的口碑传播，只有在移动互联网时代的虚拟品牌社区环境下才能真正实现。口碑不再是靠大众媒介的议程驱动，而是靠网络社区中的邻里关系自然生成。

匿名性带来的无压力沟通，让品牌更易掌控社区成员的心智。在虚拟品牌社区中，社区成员一般以匿名状态呈现，匿名状态下的意见或想法是最真实与本能的。一方面，品牌管理者能够轻易了解社区成员的想法，适时调整自己的舆论引导策略，以取得更好的传播效果；另一方面，如果社区成员中出现了负面意见，这在某种程度上，会增加持正面意见的成员间的紧张感与凝聚力，从而提升忠诚社区成员的免疫能力。社区成员之间的人性关怀，将增强虚拟品牌社区的群体归属感。尽管社区成员关系的产生，基于品牌的桥梁与纽带作用，但是当虚拟品牌社区一旦建立起来，社区成员的关系可能会超越品牌当初所限定的范围，发展成为一种更为人性的关系群体。

2014年，越来越多的电商品牌精研CRM系统，运营、营销、销售、服务等工作都将客户资料作为最基础的信息依据。

产品：从B2C到C2B

互联网与线下渠道相比，具有独特的开放性与互动性，这些特性形成了对消费者的积极赋权。产品的研发、生产与销售过程都因互联网的介入而产生了深刻的变化，传统的以商家为主导的产品研发、生产模式正在面临多重挑战。消费者不再满足于被告知可以买什么，他们更希望可以由自己来决定有什么可以买。网民基数的爆发性增长使得部分消费者的个性化消费需求变成一股不可忽视的购买力。消费者在市场中的话语权进一步扩大，电子商务正在由原来的B2C模式走向C2B模式。传统企业如果要在电子商务的市场浪潮中生存下来，必须转换经营理念，开放品牌生态圈，将消费者纳入其中，使其成为品牌的铸造者与主导者。

C2B：电子商务升级版

在电子商务的初始阶段，B2C作为网络零售业的核心模式而受到追捧。与以往的分销商代理模式相比，B2C借助网络购物平台，让消费者可以直接与商家对话，从而大大降低了双方的沟通成本。原本属于中间分销商的利润分流到了商家与消费者的手上，商品的价格也随之下降。消费者可以在购物网站中获得所有自己需要的商品信息，从而保证自己可以做出最优化的购物决策。

但是，在这一模式中，商家占据相当大的主导权。什么商品在线下渠道销售，什么商品在线上渠道销售完全由商家一方说了算。为了保证线下渠道的利润率，很多商家都将线下渠道作为新品首发的第一选择。同时，有一些在线下销售情况良好的商品也不会在网上销售。有些品牌的官方网店甚至变成了线下滞销商品的网上甩货中心。消费者往往无法在互联网上购买到自己真正想要的商品。

随着电子商务的发展以及中国网民数量的高速增长，消费者在电子商务平台上的话语权进一步提高，一些原来无法被察觉的消费者需求正在逐渐变成一股不可忽视的购买力，电子商务的长尾效应开始凸显。消费者不再满足于以往由商家主导的电子商务模式，他们希望参与产品的生产过程，渴望商家可以提供更具个性化的产品，C2B由此应运而生。

C2B是由美国学者罗斯·米勒（Ross Muller）在2006年的洛杉矶新型电子商务年会上提出的。这一模式主要是指消费者主动参与到产品的生产研发过程中，以类似定制的方式来获得个性化的商品，以此满足自己的个性化需求。与传统的B2C模式截然相反，C2B模式是以消费者为中心的，消费者可以与制造商就商品的生产问题进行沟通，表达自己对于产品的独特需求。C2B模式诞生的主要原因是电子商务的用户基数庞大且消费者购物不再受到时间与空间的限制，拥有相同消费需求的个体可以很容易地在电商平台上集聚，对长尾效应产生放大效果。

电子商务C2B模式现阶段主要由以下三种模式呈现：

第一种是个性化定制，消费者基于自己的特定需求，通过网络平台将产品要求传达给产品制造商，再由相关制造商进行生产。在这一模式中，消费者可以决定制造商生产何种商品，但费用较大。

第二种是网络预售，拥有类似需求的消费者在电子商务平台上聚合成一个特定群体，以数量优势同制造商展开议价过程。这一模式可以在满足消费者需求的基础上保证商品价格的合理性。

第三种是逆向团购，生产商根据自己的诉求将生产计划公开到网上，消费者表明自己愿意为产品支付的最低价格。若双方的诉求相匹配，则交易成立，生产商对产品投入生产。

目前，C2B模式尚未获得真正意义上的普及，且发展的过程中还存在诸多问题。但作为电子商务未来的一大趋势，它依然受到了许多人的青睐。微信、微博等社交媒体的兴起为C2B模式创造了一个良好的发展环境。在互联网上通过社交网络聚集在一起的人往往都具有相似的消费诉求。如果能通过与社交媒体的联结，将特定消费需求转化为实在的购买力，C2B模式将会获得源源不断的发展动力。

众筹：未来生产的资本模式

众筹（Crowdfunding）是一种大众通过互联网相互沟通联系，并汇集资金支持由其他组织或个人发起的活动的集体行动。企业或个人通过互联网介绍自身的筹资需求和描述自己的项目，大众根据情况选择企业或个人项目进行小额的投资并获得一定的报酬。艺术表演是最早使用众筹模式的领域，艺术家们为了保证作品的顺利完成而向自己的支持者们筹募资金。随着时间推移，这一模式开始逐渐被其他领域所采用。

众筹是逆向团购的一种表现形式，但与单纯的商品购买相比，消费者不再仅仅只是产品的购买者，他们还是产品的投资人。众筹的项目一般情况下都是一些中小型企业最新研发的产品。这些项目大都具有高度的创新性与科技含量，能否实际投产并获得市场认可对所有人而言都是一个未知数。众筹实际上就是一个参与人数众多的小型风险投资，消费者在完成众筹费用支付的同时也完成了从消费者向投资人转化的过程。

在众筹模式被广泛运用之前，一个项目能否获得融资进入实际运行阶段，全凭专业投资人的判断。如果被风投认定为盈利能力不足或者发展潜力不够，就无法获得金融市场的支持，也就意味着项目发起人前期的准备工作全部付诸东流。但是，一个项目是否真的具备盈利能力，是否拥有后续的发展潜力，靠的并非是风投的评价，而是市场的检验。在众筹模式中，创新项目发起人直接跳过风投这一关，通过互联网将项目呈现于大众面前，为消费者提供与项目有关的一切信息，让真正的市场来决定项目的去留。消费者代替专业投资人，以自己的生活经验和价值取向对项目进行评估，并最终做出是否参与项目众筹的选择。

对消费者而言，众筹模式不仅可以满足消费者对于产品的个性化需求，还可以为普通消费者提供投资渠道，帮助他们盘活自己身上闲置的资产。对项目发起人而言，这一模式可以让项目跳过风投这一中间环节直接与消费者见面，从而帮助发起者更好地认知自己的项目。对整体社会而言，众筹模式可以激发社会的创新力，为有潜力的项目提供一个更大的发展平台。可以预见，众筹模式将会成为未来生产的一种资本模式。

消费的民主化：消费时代的人文复兴

C2B模式的产生，其本质是消费者自我意识的觉醒，标志着消费民主化时代的到来。在过去，由于社会经济发展水平有限，物质丰富程度不高，我国在相当长的一段时间内都处于卖方市场的发展阶段。产品生产与否、生产时间以及生产数量都由生产商说了算。消费者往往处于被动位置，接受生产商的安排。改革开放之后，我国的经济建设取得了许多举世瞩目的成就，人民生活水平得到了大幅度的提高，消费者的主体意识也在这一过程中开始觉醒。消费者开始认识到自身存在的价值，并意识到自己的任何举动都有可能使市场的格局发生变化。

消费的民主化是市场经济走向成熟的重要标志之一。这一趋势的产生主要有以下几个原因：第一，社会化的大生产导致产能过剩，卖方市场开始转变为买方市场；第二，消费者的文化水平大幅度提高，个人意识开始觉醒；第三，市场化的提高使各行业内的竞争压力加大。这些原因促使消费者在商业运作中的主体性大幅度提高，消费民主化由此到来。

　　消费民主化是一个社会经济进步、居民生活水平提高的具体表现之一。可以毫不夸张地说，这一趋势将直接改变当前社会的商业运行机制，对我们的生活产生深远的影响。

用户：用理性还原感性

大数据时代

传统的消费者研究原则，是有价值才被记录；而在大数据时代，只要被记录下来就具有价值。

在大数据时代，用户数据具有不可估量的价值。大数据记录用户的一举一动，搜集用户的大量信息，分析用户的消费行为，解构用户的情感维度，绘制用户个性画像，为商业活动提供有效帮助，聚揽用户，增加产品销售。

电商平台贡献出原有客户日积月累的海量用户信息，借助大数据技术，分析用户消费行为，挖掘用户群体对不同产品的需求，把握市场的流行趋势，生产"用户产品"。基于大数据的数据分析，商家制定符合用户特点、感性需求的个性化产品，最大限度地满足消费者的情感需求与物理需求。

传统的商业模式已经不适用于如今的消费市场，电商纷纷改革创新，接受互联网思维，采用新型"以人为本"的商业模式。商家开始创造不同的消费文化，不断输送消费观念，培养消费者的消费习惯，增加消费者的产品依赖度，赢得消费者的品牌忠诚，最终实现商品盈利。

例如，阿里巴巴和腾讯推出的打车软件，就是典型的培养消费习惯的商业动作。最初，两家公司不惜投入巨额成本，进行产品推广，为用户提供免费打车、快速打车的诱人体验，逐渐地培养消费者的打车习惯，最终实现产品的高覆盖率和推广率，在掌握了大量用户数据的基础之上，进行下一步的产品开发与技术发展。毫无疑问，阿里巴巴和腾讯的举措是成功的，如今几乎每一个智能手机用户都会下载安装"滴滴"或是"快的"打车软件。从最初的抢夺用户大战,到后来两家公司的合并,都是消费者市场主导的结果。不论结果如何,可以说最终受益的均是用户,消费者得到了实实在在的优惠,感受了方便快捷的打车体验,这都是如今商业市场中的重大转变。

在大数据时代,用户获得前所未有的关注,用户情感得到最大化的满足,用户的一言一行、一举一动都是商家们竞相争夺的数据。用户摇身一变成为了市场的主人,商家们乐此不疲地探究着每一个消费者的喜怒哀乐,他们使尽招数来赢得消费者的关注和青睐,费尽力气抢来的用户也可能在几秒钟之后便头也不回地投向别人的"怀抱"。今天的市场竞争是残酷的,但也是令人振奋的,企业可能在短时间内赢取大量用户,也可能在更短的时间内失去所有的用户。游戏规则的制定者是千千万万的消费者,企业商家们必须遵守规则,或是玩转消费者,或是被消费者打倒。

在大数据时代,消费者即数据,数据即价值。企业要不断获取数据,挖掘数据背后的价值,转换身份,赢得用户,植入品牌文化,最终赢得市场。企业要将手中掌握的海量产品数据、用户数据、行为数据等,转化为用户实际的购买力,进行有效的商业活动,提高转化率,增加产品价值。

大数据时代,是最好的时代,也是最坏的时代,它将是企业绝地反击的有力武器,也将成为企业被市场淘汰出局的致命一击。

在大数据时代,数据的易获取性和共享性使得企业的合作变得十分普遍,合作、共享的商业模式将是未来电商的趋势与发展方向。由于新时代的到来,中国电商企业将面临深刻的变革。

以消费者为主导的市场

通过体验、参与，用户从消费者开始成为生产者，在大数据技术的科学理性中被还原为完整的感性人格。

利用大数据、云计算等领先的科技分析与技术能力，通过社交媒体、移动互联网等数据整合与分析，企业将能够实时跟踪用户心理，解析用户需求，实现用户情感、性格、偏好等属性的可视化呈现，借助科技理性最大化地还原用户的人格感性，进一步生产能够打动用户、引发共鸣的情感体验。

"大数据"这一概念从产生至今，已经得到了广泛的关注与认可，其技术能力被运用到各行各业，并产生了可观的效果。毫无疑问，其商业价值的挖掘将是电商企业的重要课题，海量的数据呈现、精准的数据分析、快速的用户定位都将成为电商企业的左膀右臂。通过实时、高效的数据分析，可以帮助企业预测市场动态，关注市场走向，支持企业在市场活动的不同阶段实现有效的商业决策，即时追踪消费者行为，制定消费者图谱，捕捉消费者心理活动，推断消费者的未来行为方式，帮助企业实现利润收益，同时为用户创造良好体验，满足用户多元化的消费需求。

大数据服务于各大电商品牌，使其能够及时推出符合消费者行为需求的产品或服务，想消费者之所想，做消费者之不敢做，实现消费者的最佳体验，提升用户对品牌的信赖度和黏合度。大数据利用自身优势的同时，结合互联网媒体，将发挥其最大功效，输送用户关注、感兴趣的内容到各个媒体平台、移动终端、社交网络等，引发最大范围的关注，帮助品牌实现与用户的深度沟通，完成情感交流，最终达成商业目的。

洞察媒体环境、利用社交媒体、借助大数据技术实现电商企业的商业目的是现如今企业们亟需谙熟的行业操作。移动互联网环境下的消费者，不再是被动的一方，他们会主动搜集产品与品牌的信息，进行筛选甄别，结合自身的特定需求，做出理性的消费。针对消费者的新特性，电商企业需要时刻把握市场的动向与用户情感的变化，做出切合消费者情感需求的体验式服务和产品，利用用户的情感痛点，找准机会，做出快速、有力、到位的营销活动，一举拿下消费者，赢得市场。

在大数据时代的背景下，消费者处于持续的动态变化中，企业要对其进行迅速、准确的定位，消费者在不断成长，他们的思维与行为模式日新月异。如何在瞬息万变的消费者市场中，找到企业的立足之地，成功地进行营销，将是企业长时间面临的难题。

今天的市场是以消费者为主导的，他们决定商业行为的走向与成败。如何取悦消费者，如何让品牌成为用户的第一选择，如何令消费者持续关注并使用一个产品，都是值得商家们思考的问题。

"科技以人为本"，那么商业如何做到以人为本呢？所谓以人为本，这里的"人"是具体的消费者，而不是空洞抽象的概念。聚焦人的概念，他们是一群有需求、有缺点、有问题的人。换言之，他们是一群被困在欲望之渊的动物性集合体。消费者就是这样一群被各种欲求束缚的、不断寻求出路的生物群体。他们的问题来源于生活、工作、休闲等各个方面，他们的困扰无时不在，他们苦苦找寻出路，却又无疾而终。这是一群可怜、可悲甚至是可憎的群体。商业行为的存在也正基于此，商家们看到了消费者的弱点并加以利用，做出承诺，制造方案，引诱消费。

企业如何实现自身价值的增值？品牌如何做到家喻户晓？商品如何走入家家户户？要实现这一系列目标，企业必须不断增加产品内涵，品牌要融合文化要素，不断强化价值观念，引发用户情感共鸣。

消费者为何要关注你的产品？你的产品又有何过人之处？今天的市场不缺产品，缺的是被记住的产品。企业文化要植根于消费者文化，商业行为要切合消费者心态，产品服务要直抵人心。企业关注的重点应该是人，商家们要保持警觉，洞悉消费者的弱点，制造用户无法舍弃的产品，才能真正在复杂多变的市场中立于不败之地。

大数据的存在是客观的，商家们的动机是可见的，消费者的痛点是明显的。用户的消费行为是感性的，大数据的数据分析是理性的，运用理性的科技解决消费者感性的需求是每一个企业都需要考量并解决的问题。聪明的商家了解消费者的软肋，他们的商品也许并无十分过人之处，但是他们却实实在在地解决了消费者的困扰，这便是成功的商品。消费者的行为是可以培养的，消费者的观念是可以灌输的，当企业制造出足以令人信服的观念以及价值体系，那么他们生产的产品就是被用户需要的。

商业以人为本，以用户为本。这将是贯穿于任何商业活动的主线。把用户的问题当作企业的运营之本，把用户的困扰看作营销的动力之源，把用户的缺点化作产品的核心理念。商业行为要紧紧围绕用户，产品要打动用户，让用户开心，才会有市场。不可一世的企业终将会被消费者踩在脚下，只有俯身关怀用户需求的商家才能获得最终的胜利。

大数据时代的消费者，他们掌握丰富的信息技术、繁杂的商品信息，他们有独特的观点，注重体验，且十分挑剔，他们有复杂的需求，有多重的选择，可以自由地更换商家和品牌，他们开始参与产品的制作与传播，甚至是产品的销售。大数据与云计算等先进技术的支持与保障，使得用户的参与感与日俱增。他们体验技术理性带来的快感，尽情释放其感性人格。

大数据时代的消费者，不再是被动的机械化的消费群体，而是一群有血有肉、情感分明并具有独立人格的感性人群。

用户制造数据，数据还原用户，用户成就产品，产品创造品牌，品牌造就文化。大数据时代的到来，受益的不再仅仅是企业商家们，还包括无数普通的消费者，他们是数据时代的宠儿，同时也将是数据时代的弄潮者。只有尊重消费者，企业文化才会被用户认可；只有关照消费者的真实情感，产品价值才能得到体现。

促销：从价格到服务

促销是营业者通过向消费者传递与企业及产品有关的各种信息，劝服消费者购买商品，实现营业额增长的一种方式。有竞争的地方就必然会有促销。近几年，国内几大主要电商平台的市场定位逐渐趋于同质化，电商市场的促销大战此起彼伏。从最初以价格战引导流量、涵化和培养受众网络消费习惯，到通过价格战促发竞争、争取份额、获得即时利润，直至靠物流、即时响应等服务性增值能力竞争，电商的促销大战在短短几年之内顺利完成三级跳，从价格战逐渐转向服务战。除了促销内容的转移，促销形式也在近几年发生了诸多变化，场景化的专业促销日渐成为各大独立电商的宠儿。

从拼价格到拼服务

促销的目的首先是培养消费者。

在电子商务发展的初级阶段，由于消费者尚未完全接受这一新型的购物形式，购物网站的促销主要以打折、免邮、赠品、代金券、会员等形式展开。商家希望通过这些促销手段培养消费者网络购物的习惯，让消费者在潜移默化的过程中接受网络购物的消费形式。

以淘宝网的店铺为例，商家先用打折、包邮、赠品等方式吸引用户的注意力，并诱导用户进行商品购买。当初次交易完成后，买家便自动成为店铺的会员，下次购物时享受一定的固定折扣，同时购物还可以获得积分，免费兑换商品。会员制辅以代金券的方式可以很好地吸引消费者进行二次购买。消费者在这一过程中逐渐被商家涵化，并在不知不觉中变成网络购物的忠实粉丝，网络购物也逐渐成为人们消费的新选择。不过，由于商品本身的销售利润有限，再加上花样繁多的降价促销，商家的利润空间受到了进一步的挤压。许多平台上的商家由于不具备稳定的低价货源和充足的流动资金，最终只能以离场告终。

在这一过程中，有部分商家为了在低价的基础上保证自己的利润，会选择以售卖假货或水货的形式来欺骗消费者，商品质量无从保证。网购的假货问题也一直为许多人所诟病，成为许多电商平台不得不面对的一个发展瓶颈。

其次是争夺市场份额。

网络购物市场的逐渐壮大，导致国内涌现出了一大批电子商务平台。最开始，各大电商平台由于资金以及规模等因素的制约，往往采用差异化的市场定位方式进行错位竞争，例如当当网主打纸质图书，乐蜂网、聚美优品主打美妆，京东商城主打电子产品，苏宁易购主推家用电器，1号店主推日用以及副食品。在自己的专攻领域站稳脚跟后，各大电商平台都开始了向综合电子购物平台发展的扩张之路。同质化的市场定位导致了各大电商平台之间的竞争日趋激烈。

从2009年开始，淘宝推出双十一购物节的促销活动，以商品降价作为主要促销手段实现销售数据的爆发式增长。2009年，天猫商城双十一销售额为0.5亿元；2010年，这一数字提高到9.36亿元；2011年，天猫双十一的销售额已跃升到33.6亿元；2012年，双十一当日支付宝交易额实现飞速增长，达到191亿元；2013年，淘宝双十一交易额在55秒时突破1亿，38分钟时突破50亿，当日交易额最终以350.19亿的数字收官；2014年，淘宝双十一当日的成交总额突破500亿元。至此，淘宝双十一的销售数据额在短短五年时间内完成了高达1000倍的增长。

为了获得更大的市场份额以巩固自己在市场中的定位，各大电商平台在淘宝的双十一取得空前成功后，纷纷推出了自己的促销节点。典型的例子包括乐峰的三月桃花节、唯品会7·19特卖会、京东6·18、苏宁8·18、亚马逊8·19等。这些购物节点的促销手段五花八门，但归结起来仍然跳不出商品降价的圈子。

价格战是一种以牺牲利润为代价来获取营业额增长的方式，由于现阶段"价格"因素仍然是我国居民选择商品时的主要考量依据之一，因而价格战依然被认为是一种行之有效的促销手段。我们应该注意到的是，价格战虽然可以为企业带来销售的增长，但并不是一个可以长久使用的策略。降低价格通常会带来企业乃至整个行业的利润下滑，多年前各大家电厂商的价格战就是一个最好的例子。同时，频繁的降价促销会造成客户心理价位的扭曲。一般情况下，能给人留下深刻印象的往往是商品的最低价。消费者会以自己印象中的最低价为依据来对商品的价格进行评判。同时在这一评判过程中，绝大部分消费者都不会考虑商品的实际价值与企业效益等因素。这会给企业的发展带来诸多的阻碍，最直观的一点就是导致企业在商品定价过程中丧失话语权。

最后是建立品牌。

在激烈的价格战过后，各大电商平台开始逐渐意识到低价促销策略的弊病，并开始着力进行平台品牌化的建设，试图通过提升服务品质，优化买家的购物体验。众所周知，对一个企业而言，品牌是其立足市场、获得发展动力的核心要素。如果一个企业只有产品没有品牌，那么这个企业注定无法长久。因此，各大平台想要获得良好的发展，必须根据自身的情况进行平台的品牌化建设，不断调整自身的经营策略，才能在电子商务领域获得源源不断的发展动力。

企业之间的竞争主要分为初级阶段的价格竞争、中级阶段的质量竞争以及高级阶段的品牌竞争。随着电子商务的发展，现阶段电子商务平台上的商品在价格与质量方面都趋于同化，各大平台之间的竞争已经演化成了品牌之战。品牌形象在消费者购买行为中扮演的角色越来越重要。良好的品牌形象可以帮助企业以较低的成本获得高于行业平均水平的利润。对于消费者而言，企业的品牌是一种质量的保证，也是一种售后服务的象征。消费者在选择电商品牌时，实际上也是在选择电商品牌背后的质量、物流以及售后服务。

在品牌建设方面，各大品牌主要从以下几个领域入手：质量、物流、售后以及品牌形象。

在质量把关方面，淘宝网于2013年进行了一次大规模的严厉"整治虚假交易行为专项行动"。活动虽然引发小卖家联合攻击天猫的闹剧，但在打击不诚信经营的行为方面确实卓有成效。同时，淘宝网将淘宝商城改版为天猫商城，大幅度提高商家的入场标准，并与各大品牌合作建立官方旗舰店，以此保证商品质量。京东与当当等平台也都建立了自营体系，以此保证消费者可以购买到低价的正品行货。

在物流方面，京东、当当、1号店、亚马逊等电商平台都建立了自己的物流体系，消费者可以根据自身情况自主选择收货时间。这一点解决了许多消费者对于网购物流的诸多困扰。

在售后服务方面，目前绝大多数的电商平台都建立起了完善的退货与投诉机制。以京东为例，若商品没有因为买家或物流原因出现损坏或影响二次销售的情况，买家都可以在7天之内申请无条件退换货。这一规定很好地保障了消费者的权益，也使得电商平台的品牌美誉度有了一个质的提升。

在品牌形象方面，各大电商平台纷纷启用了专属自己的形象标识系统。天猫商城从建立之初，就坚持大红色为基调的页面排版以及黑色猫咪的形象示人，与之相对的，京东则以小狗的形象作为自己的代表，猫狗大战的意味可谓深刻。此外，还有一些电商平台借助营销案的大规模投放，在消费者心目中建立起了自己的独特品牌形象。以聚美优品为例，"我为自己代言"这一营销方案帮助平台成功地在年轻都市白领心目中建立起了果敢、新潮、富于个性的品牌形象。

专业化促销：促销场景制造

消费者的购买行为在很大程度上取决于对产品质量和价值的感知。一件质量上乘且价格便宜的产品，如果其优点无法被消费者感知，那么它的优点就不会对消费者的购买行为产生任何影响。

网络购物平台拥有诸多线下销售渠道所不具备的优势，但经过多年发展，线下销售渠道依然没有走向衰亡，其主要原因就是线下的销售渠道能够为消费者提供可被充分描述的场景。人们在线下的商店中购买商品时，可以直观地感受到商品的大小、颜色、质地以及与商品有关的任何细节，对商品是否满意往往在几分钟之内就能有定论。同时，消费者在进入商店购买商品时，往往会受到商店的装修、内饰以及服务人员的影响，对商品的感知产生变化。而这些因素恰恰是线上销售渠道所不具备的。因此，我们可以说，能否成功制造促销场景，使产品的卖点与优势充分被消费者感知是线上促销是否能够取得成功的关键。

事实上，场景并非为线下渠道所专有，线上渠道也有属于自己的特定场景。只要能在线上为消费者创造一个可以激起购买欲望的场景，线上促销也一样可以获得线下渠道的场景效应。目前，以微信、微博为代表的社交网络已经基本上对我国的主要购买力实现了全覆盖。生活在现代城市中的主流消费群体，几乎没有谁的生活可以离开社交网络。在这一背景下，借助社交网络以及贴吧、论坛等相关平台，为用户制造促销的场景成了许多独立电商的制胜法宝。以美丽说的粉丝营销为例，该案例成功借助人气组合的话题性，在社交媒体中引爆粉丝热情，使平台的消费者好感度获得了进一步提升。

重新品牌化

在"品牌化"与"去品牌化"这两种力量的扭结中,中国电商在螺旋式地成长。

2014年,无论是沃尔沃公关副总裁宁述勇,还是携程四君子之一的季琦,都在谈论这个话题:互联网环境下,品牌价值是否在降低?甚至是,还需不需要品牌?中国电商双寡头,淘宝平台上海量的800多万个商家在活跃着,让品牌的识别功能几近丧失;京东自营平台,几乎为所有品牌背书,品牌的价值证书功能何在?唯品会天天特卖,使促销这一手段也可培养出消费者忠诚,品牌忠诚的意义又从何谈起?

斯坦福大学营销学教授伊塔马尔·西蒙森(Itamar Simonson)和作家伊曼纽尔·罗森(Emanuel Rosen)在著作《绝对价值:信息时代影响消费者下单的关键因素》中也表达出"去品牌化"的观点:品牌价值在降低,起码是"品牌作为最重要的质量线索"的功能在消失。原因是,对于互联网时代的消费者而言,网络评价、专家推荐、消费者晒单等构成了新的影响力组合(the Influence Mix),消费者更少地依赖营销人传递的质量代替物,例如品牌传播、忠诚度、价格以及产品产地等因素,品牌的感知质量和品牌忠诚度已不再那么重要。由于互联网和移动媒体的影响,消费者开始处在更为丰富的信息环境中并因此更加理性,传统的营销传播影响力模式开始失效。

但是,由于品牌是消费者头脑中的第一印象,也是消费者心中持久存在的偏见和偏好。当人的心智没有根本改变时,品牌仍被需要。只是我们要在新媒体环境下，改善和革新品牌的功能、特点，以新的品牌观去重建移动互联时代的新品牌，重新品牌化。

未来大趋势

在对2014金麦奖获奖企业的深度采访中，我们有意外的感受：越是那些富有传统制造业和实体经营经验的企业，越是可能在电商世界创造卓越的成就。男鞋电商第一品牌骆驼本来就是传统男鞋市场主导品牌，女装电商第一品牌茵曼有多年外贸加工的丰富经验。以中国制造和中国市场服务为内涵的中国经验，在电商世界里依然具有强大活性。

很多论点都认为，在线、移动化、去中心化是网络发展的主要线路，SoLoMo[1]等西方网络理论也一直是主导。然而，中国电商不仅在商界积极探索实践，也在积极寻找自身的理论和思想脉络，如飞猪论、风口论、互联网思维、七字诀、极致说，乃至2015年初的"互联网+"等。中国真正具有世界声誉的品牌华为，不仅以"荣耀"为名，杀入移动产品的电商世界并取得耀眼的业绩，也提出了自己独特的"Roads"理论，即Real time、On demand、All online、DIY、Social这5个互联网发展要素和路径。Real time即对用户的24小时实时反应，On demand即应客户之需随时而变，All online即充分的网络化，DIY即完全的顾客参与，Social即完全的社会化和社交化。这个以狼性精神和地铺文化出名的中国企业，在网络时代依然有着不输任何西方标版的理论体系。

理论自觉，思想自主，能力自信，这是中国电商对大连接、大数据、大融合时代趋势的积极回应。

---

[1] 营销模式专业名词，由Social（社交）、Local（本地）、Mobile（移动）三个单词的各自开头两个字母组合而成，即社交+本地化+移动，代表着未来互联网发展的趋势。

PART TWO

/ 中篇 /
顶尖品牌的营销盛宴

"文艺女神"的新衣
——茵曼2014年《女神的新衣》整合营销项目

2014年下半年,一档结合了真人秀、T台秀、电视综艺等形式于一体的新型综艺节目——《女神的新衣》空降上海东方卫视,掀起了一股"边看边买"、"上天猫买真正女神同款"的潮流。作为节目买手团里唯一的互联网品牌,茵曼自然受到了空前的关注,其创始人方建华亲自参与录制,鲜明的个性,独到而有洞察力的观点,更是成为了节目的一大亮点,在互联网上引发了热议。

一件"让普罗大众成为女神"的新衣,撩拨起全网之心弦。

图 2-1 《女神的新衣》电视栏目宣传海报

不能承受之"新"

"《女神的新衣》是一档从来没有过的节目,是一档全新开创性的时尚跨界的综艺节目。"聊起去年茵曼参加的电视明星真人秀节目《女神的新衣》,方建华依然抑制不住自己的兴奋。

对于茵曼来说,《女神的新衣》可以说是当时最适合自己的节目。从前期在湖南卫视洽谈合作开始,到最终敲定制作方与播出平台,买手团的品牌几乎是换了一轮,唯有茵曼,自始至终都在坚持。因为茵曼知道,这是一档值得自己坚持的节目。

从2008年进驻天猫前身淘宝商城,经过七年的发展,成长为天猫女装"双十一"销售冠军,其顽强与成功,令人惊叹。然而,作为一家在线上成长起来的互联网品牌,茵曼的品牌传播与曝光渠道有一定的渠道限制,加上近年来众多的国际大牌、线下品牌进驻天猫,平台资源在很大程度上被分流了。对于长期依靠消费者口碑传播效应发展的茵曼来说,在利用好天猫平台资源的同时,借势一档能够覆盖全国、具有大众传播力和宣传效应的电视综艺节目来助力茵曼品牌影响力的升级,是此时此刻的不贰之选。此外,茵曼文艺的品牌印象对于年轻顾客的吸引力较弱,时尚感偏低的品牌形象也不利于茵曼的持续性发展,茵曼急需一次品牌"文艺时尚化"的升华。《女神的新衣》作为国内首档明星跨界时尚真人秀节目,其节目新颖的玩法、收视受众等,均与茵曼的需求相吻合。

在最正确的时间,遇见最正确的节目,茵曼注定要为业界带来一篇关于互联网品牌如何玩转"电视+电商"的经典案例。

2014年6月,茵曼开始参与节目的合同,对接以及品牌植入形式的商讨。

2014年7月底,茵曼正式宣布加盟《女神的新衣》。

2014年8月至10月底,茵曼参与了《女神的新衣》第一季全部十期的节目录制，并同步上线竞拍所得女神款新衣。同时，在天猫平台上进行全方位营销，如推出1111件童装一元秒杀的公益活动；在互联网上，利用话题、漫画、段子、新闻等传播手段，引发持续关注，更给茵曼原有的消费群体带去了一场全新的品牌体验盛宴。

2014年11月，利用节目播出后的持续话题效应，以及"双十一"的到来，继续进行品牌影响力的提升，参与"天猫一周新发现"的达人街拍，以及与设计师进行项目合作。

整个2014年下半年，茵曼利用天猫的平台优势和《女神的新衣》的节目传播效应，在电商营销领域掀起了一股"文艺时尚潮流"。利用天猫的资源引流和《女神的新衣》带来的话题影响力，茵曼也实现了自己商品销售和品牌价值升级的双重目的。

但是，《女神的新衣》毕竟不是一档为茵曼量身定制的节目，节目中茵曼拍下的衣服与茵曼原本的服饰风格有一定差异，但方建华认为这并不会影响老顾客对品牌的忠诚度。首先，茵曼的老顾客已经对品牌形成了一个强烈而完整的认知，茵曼参与《女神的新衣》的目的，更多地是为了增加品牌的曝光，吸引新顾客对茵曼的关注。电视媒体作为一个传统媒体，目标人群虽然没有那么精准，但是足够广泛，所以能够在线下顾客群体中形成一个客观的曝光量。其次，"节目好看"是收视率最重要的指标，为此，品牌方作出一些牺牲也是正常的。播出期间，茵曼淘宝搜索指数较日常增长120%。既然参与了这个节目，那么保证节目的魅力指数是最重要的，只有节目精彩了，观众才会多，品牌的传播才会更有机会。

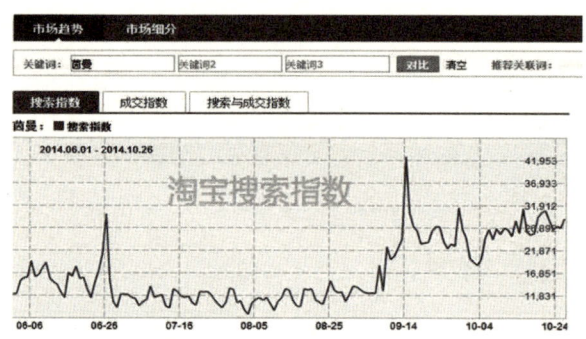

图 2-2 《女神的新衣》播出期间茵曼品牌淘宝搜索指数

今天的互联网时代,跨界、品牌植入、整合营销早已不是新鲜的焦点话题。在业界人士普遍唱衰传统电视媒体的今天,品牌似乎在综艺节目身上看见了电视媒体创新带来的突破点。如今,几乎每一档综艺节目的热播都会伴随一次品牌的狂欢,不论是土豪式地砸钱赞助,还是利用热点话题提高品牌曝光度,品牌对综艺节目的狂热之情从未消退。在传统线下品牌纷纷抢占综艺热门资源的今天,以茵曼为代表的互联网品牌也开始瞄准了综艺电视的传播优势。不过,相对于传统品牌土豪式的硬性植入,向来非常注重传播效果可视化的互联网品牌,更加看重的是节目内容与品牌本身的契合点。茵曼作为一个力求提高时尚性和线下关注度的服饰品牌,其天然基因便与《女神的新衣》不谋而合。再加上方建华本人对娱乐营销的理解,以及茵曼本身在节目中对自己的差异化定位,效果自然是事半而功倍。这种利用自身品牌特点,在提升节目质量、娱乐大众的同时又能润物细无声地走进消费者心里的品牌营销传播手段,可圈可点。

茵曼的整合营销之路依然在延续。比如,与屈臣氏合作的线上与线下门店联合营销,与时尚杂志iPad版的大片合作,与有机食品类目冠军三只松鼠推出的"旅行的蔬菜"的主题联合营销。这些都表明了茵曼在品牌张力上的大胆创新和对于一个生活服饰品牌的坚持。

图 2-3 《女神的新衣》茵曼品牌宣传海报

不能承受之"快"

一件T恤,从打样生产到仓储待运,需要多长时间?

方建华说,对于服装行业说来,解决了面料的问题,才能够解决生产的问题。茵曼旗下的供应商分为ABC三级,A级即为长期供应商,常年排单,但是茵曼针对A级供应商首单通常占50%,另外的50%为返单,可以将备料快速消化。

那么,茵曼是如何控制服装的下单数量呢?

作为一家互联网企业,茵曼具有与生俱来的互联网思维和"快速反应"。

首先,茵曼的顾客忠诚度非常高,茵曼会通过顾客的投票,与顾客进行互动、交流来知悉顾客对服装款式、价格的喜好程度;其次,通过后台的点击率测试、试销等方式,也能够了解哪些款式好卖,哪些款式相对滞销;并依托数据分析系统来判断衣服的销售情况。与线下的服装销售企业相比,茵曼更能借助互联网的方式来精准地控制下单数量,而不是凭着代理商拍脑袋来决定下单款式和数量。精准的测试、下单,合理地控制库存,使得茵曼不论是从周转率还是下单精准率,都比传统品牌的做法有更高效、精准的表现。

互联网使一切都变得快了起来,消费者获知信息的速度开始以秒来计算,现代企业核心竞争力的关键也开始转变为对市场的快速反应。对于以"时效性"和"季节性"著称的服装行业来说,灵敏的市场反应速度,高效的信息反馈能力,成为了企业竞争与发展的关键。茵曼作为一个互联网品牌,快速与高效,一直是企业基因中非常重要的指标。产品的快速更新与迭代来应对市场的瞬息万变,是茵曼的制胜法宝。在备料充足的情况下,夏天的T恤,从生产到仓库是7天,衬衫大概是10-15天,羽绒服是30-45天。其速度之快,得到了业界的较高评价。

这种速度,也显示在《女神的新衣》节目中。根据节目安排,录制完节目后,竞拍所得的款式,要立刻由竞拍品牌批量生产,然后在播出后立刻上架销售。每次录制完节目几乎都是深夜,但是对于茵曼团队而言,从拍下的那一刻开始,挑战才真正开始。整个团队借助微信群,进行面料的确认,然后立刻进行打样、生产、上架。整个过程不超过15天。正是这种速度,也为消费者带来了更多的新款选择。在茵曼的天猫旗舰店,每周都会有批量的新款上市。在手机淘宝,茵曼还为消费者开展了"睡前瞄一眼"、"无线赶早集"等活动,每天更新不同活动款,鼓励消费者利用碎片化的时间,打开茵曼的店铺,参与秒杀等活动。用一种场景化的营销方式,进入消费者的生活,培养消费者把每天浏览茵曼的店铺视为一种生活习惯。而这些活动能够开展的保证,也正是茵曼的迅速更新。使得现在在不做大型活动的情况下,茵曼天猫旗舰店每天的流量能够达到20万-30万。

图2-4 《女神的新衣》节目现场

不能承受之"轻"

在方建华的构想中，未来的汇美集团（茵曼母公司），将会拥有五十个，甚至一百个独立品牌。在这方面，方建华丝毫没有掩饰自己对孵化品牌的热爱与坚持。

未来电子商务的发展，是一个从关注商品价格逐步过渡到品牌号召力的过程。在方建华看来，汇美集团茵曼品牌号召力与品牌特色，就是一个倡导"慢生活"的时尚生态圈，这个生态圈将在保持文艺、小清新、质朴、环保特色的同时，向各个品类发展。他清楚地知道，在未来，汇美需要用一种生活方式来更好地服务自己的客户，增强他们的归属感和品牌忠诚度。未来汇美或者说茵曼要做的这个生态圈，其产品内容就是女性客户在家中七米以内能够看见的东西，如实木的家具、家纺、小抱枕、小挂件等。

早期方建华刚来广州，最好卖的牌子往往是那些最大众化的品牌，因为那时候品牌稀缺，消费者可选择购买的服饰产品更是少之又少。然而，时代已经发生了巨大的变化，消费者变了，现在的消费者最害怕的不是买不到衣服，而是买不到能代表自己特色的衣服，或者和别人撞衫。今天的消费者越来越注重个性化的表达。

方建华对汇美的目标何其之重，对旗下品牌的要求却又何其之轻！

现在的汇美集团旗下有11个品牌，所有的品牌都有一个共性，那就是它们都具有鲜明的特色定位，个性突出，有一群忠实的顾客群体。

在方建华看来，现在中国国内有许多设计师，拥有先进的设计理念与非凡的才华，却因为没有管理才能，没有IT技术，没有供应链，从而失去了完成品牌梦想的可能性。2015年5月，刚国内上市服装公司搜于特3.24亿人民币战略入股的汇美集团，正式宣布投入1亿资金，启动设计师创业扶持计划，目标孵化20-30个电商原创设计师品牌。

打造时尚生态圈，完成设计师品牌商业闭环，这是电商圈几年来的共识，但至今未能言胜。方建华希望借助平台的力量，更快把路走通。

"让天下没有难做的品牌"看似很大，却是方建华和汇美集团一直以来追求的梦想，这些年他们利用自身资源优势，实实在在地帮助了很多优秀的设计师，帮助他们完成了原本难以完成的品牌梦想。方建华并不要求这些品牌做得多么大，他只希望这些品牌能够在品牌定位的受众里，获得成功。比如汇美旗下的瑜伽服品牌——samyama，其目标消费者就是练瑜伽的女性，这是一群功能为导向的消费人群，samyama经过创新把潮流时尚感也融入了服装里面，这种定位小而美，经过创新一下子就把受众群体的想象空间打开了。

方建华并不愿意看到这些品牌因为加入汇美大家庭而失去自身的个性，在他看来，这些品牌最具个性化的定位风格，才是核心，方建华在与这些品牌合作后，几乎是最大限度地保持品牌的独立性和原有的品牌灵魂。如汇美旗下新创立的潮牌Pass的设计师原本来自香港，如今在汇美的平台上，他不仅完成了自己的品牌梦想，更实现了来自品牌的创收。

当然，正如方建华对产品品质有着苛刻的追求，他对于自己品牌合伙人的要求也是颇为严格。在他看来，一个设计师最重要的品质就是热爱自己的事业，像疯子一样地去追求品牌，拥有强烈的梦想。其次，再考量这个人的设计作品有没有适合的人群，是否过于天马行空而不能为市场所接受。最后，才是他是否具有一些基础的管理能力，能否带领一个团队。其实，这些要求，都是方建华自己的真实写照，对于他来说，找到这些与他一样具有强烈品牌梦想的人，然后帮助他们成就品牌梦，正是他的最大理想。

方建华坦言，成就别人其实也是成就自己。看到自己曾经的品牌梦想变为现实之后，这个颇具情怀的江西人，希望自己创立的这个集团，能够真正实现它名字所代表的含义：汇集美的力量，让生活更自信。

图 2-5 汇美集团旗下品牌（截止 2014 年底）

不能承受之"重"

茵曼诞生在广州，那是一个生活节奏奇快无比的城市，那里的人们每天都在快节奏的压力下生活、奔波、忙碌。早在2008、2009年的时候，方建华就发现了一个奇特现象：每到周末，广州周边那些毫不起眼的农庄里，就挤满了那些来自大城市的渴望轻松生活、释放压力的都市人，反倒是广州城市里的餐厅，食客越来越少。人们对快节奏生活的抵触与无奈，让敏锐的方建华看到了自己的品牌升级方向。作为一个来自江南的创业者，方建华带着与生俱来的那种对江南古香古色、悠闲舒缓生活的情节，创立了茵曼品牌，他希望茵曼能够用一种返璞归真、回归慢节奏生活的品牌理念，唤起人们内心对慢生活的向往与追求。

2014年，茵曼的品牌团队去云南采风，定义年度企划的主题。2015年，他们去了台湾。此后，方建华还计划去乌镇、去婺源。因为在他看来，茵曼要建设的这个以"慢生活"为主题的时尚生态圈，是需要场景化、可视化的东西来实现其具象化的。在这一点上，很多早期的消费者对茵曼第一印象其实并不来自于它的衣服，而是来自于它那个化妆有些奇特的模特。现在的茵曼对模特的要求越来越高，每一个动作，每一个眼神，都必须传达出品牌的特色或者是服饰系列的精神，甚至连笑容，都要洋溢着幸福感。此外，茵曼最具特色的品牌符号还有模特的麻花辫，用方建华的话来说，这根麻花辫代表了中国文化的传承，更代表了万千选择茵曼的女性身体里的那一颗文艺而少女的心。

其实，作为一个70后，方建华对棉麻的喜爱，也有着过往的缘由。学生年代穿的衣服，脱下来时便会"火花四射"。后来他才知道，那是因为这些衣服采用化纤制面料而产生的静电。而棉麻则不同，不仅材质环保，而且穿着舒适，对人体没有任何副作用。方建华来到广州为国外品牌做ODM后，很多订单也都是棉麻质地，于是他便开始抱着探究的心理研究起了这种质地的面料。接下来的故事想必所有人都知道了，一个以棉麻为特色的互联网品牌低吟浅唱着"棉麻艺术家"的声音，伴随着中国电子商务的崛起，在互联网时代的浪潮里诞生并强大了起来。

如果说人们对于网上商品的认知，一直停留在粗制滥造、价格便宜的阶段的话，那么，茵曼的使命之一，或许就是改变人们的这种看法。在茵曼办公楼里，有一间看似与周围环境格格不入的玻璃房，里面全部是精密的仪器设备。它是第一家诞生在互联网品牌企业内部的产品检测实验室，在这间实验室里，茵曼从企划环节开始就会对每一块面料进行化验、检测，合格后才会被准许在供应商那里生产。甚至连传统品牌都很少涉足的环节，茵曼做到了。所以，方建华才能够自信地说出，在茵曼，产品永远是"1"，其他的一切都是在产品的基础上慢慢加零。合格、舒适的产品是茵曼生存和发展的基础和本源，再吸引人的营销方式和传播手段都只有在产品品质的基础上，才能够打动消费者，使茵曼长期地发展下去。

图 2-6 茵曼娃娃

图 2-7 茵曼古朴清新的主页

电子商务最大的本质其实就是改变了商品到消费者之间的距离,直接面向消费者,省去了原本线下无数的渠道环节,这样的模式省去了不必要的成本,能够使商品更具性价比。方建华希望不管是茵曼也好,汇美旗下的其他品牌也好,都能够发挥线上品牌的优势,在保证最优良的产品质量的同时,为消费者提供最高性价比的产品。而这个高性价比,牺牲的绝不是产品质量,而是省去了产品与消费者之间的各个环节。

作为一个互联网品牌,产品与消费者是茵曼最看重的部分。事实上,现在茵曼内部,负责产品和与消费者进行沟通方面的人员配置是占比最大的,相反,市场、运营这些实现营销的人员占比却是最少的。

方建华说自己是学服装设计出身,早年从事外贸行业,做了二十几年的服装,他对服装有一种强烈的爱好,这种爱好,使得他对茵曼的产品品质有一种近乎执着的追求。当过厂长、管过工人、下过车间、钉过扣子、做过设计的方建华,知道一件衣服的流水线,也知道一件衣服美不美,有没有市场。相比于一些半路出家做服装电子商务的人,方建华有着对衣服天然的感情,也有着回归产品本身的那份执着。

新、快、轻、重,构成了茵曼过去、现在、未来的四个关键词。

2015年，汇美集团正式宣布计划于年底IPO，迈向上市之路。在茵曼的旗舰店里，那个眼神中流露出幸福、恬静的个性女神还在演绎着文艺、慢生活的美。这个很多人无法理解的"小而美"的品牌，注定要在方建华这个充满了梦想与情怀的男人手中，认认真真地，用一件一件货真价实的衣服，释放出不一样的光芒，让这个浮躁、投机的互联网社会为之惊艳。

我们拭目以待。

草木本无心，奈何有心人
——草木之心品牌突围之道

草木之心的命名意为"草木之精华"。

以草木自居的品牌认为，一草一木皆有心。

在国外大牌护肤品大行其道之时弘扬自己的本土品牌，做国货草本是自己的初衷，所以"草木"不仅仅是就产品物料而言为纯天然，从精神层面而言也更是敢于做小、做低，以不俗的境界来开创自己的品牌。

从产品到品牌：慢慢有心

2014年阿里巴巴上市，中国电商发展迈入了新的里程碑。天猫发布的平台五大战略中"品牌时尚化"位居其首。电商的品牌化势在必行。

传统线下品牌一旦插上互联网思维的翅膀也可后发而至，但雄心壮志的淘系品牌，一旦有专业品牌建设套路导航，也可一战。所以对于互联网原创品牌而言，品牌升级建设刻不容缓。

一个公司是生存还是灭亡，有的时候就取决于一句话或者一个瞬间的决定。草木之心产品的核心创意源自一篇BBS上流行的帖子。当时，草木之心团队看到在美容BBS中有一个点击量很高的帖子，内容是围绕"怎样自己来做抹茶面膜"这一话题展开的，敏锐的草木人"有心"地嗅到了市场需求。实则彼时的护肤品市场主打"植物"概念的产品不少，无论是"抹茶面膜"还是"绿茶面霜"都不是新鲜主意，但都是消费者喜欢的产品切入点。品牌团队多次头脑风暴，将产品开发的思路定位于

"杭州"这一与众不同的地域背景,利用杭州名茶"西湖龙井"作为产品基因,不仅提升品质感,同时切中受众欢点。

于是,草木之心开始了产品研发之路,与杭州茶研究院的博士合作,历时4个月,打样近百次,上色,烘烤,不添加香精,就这样将产品慢慢磨了出来。从最早的抹茶绿泥到后来的古皂,主打的产品都与茶有缘。

2014金麦奖彩妆护肤类的评选中"草木之心"获得了此品类的营销金奖,这不仅仅是对草木之心品牌的肯定,也是对草木之心的营销方式的肯定。在草木团队的眼中,品牌就是一个被他们捧在手心里慢慢长大的孩子。

"以萃取西湖龙井茶叶精华的茶护肤理念为诉求,将自然能量转化为护肤能量",品牌打造这样的宣传口号也就不足为奇了。因为草木之心不仅仅是护肤产品,更是一种自然精致的杭州情怀。

此时,回顾2010年到2012年的探索期,历经失败、沉淀、重新启航,2012年5月的那次品牌战略会议令人记忆犹新。

图2-8 草木之心logo

图2-9 核心产品:抹茶古皂

从营销到传播：处处用心

当提到一个品牌，我们往往第一时间会想到它的广告语或者是它的代言人，但草木之心的代言人并不是一位明星而是一座城市。因为在草木之心看来，当各大护肤品品牌都有中韩日欧美明星代言人"装饰"品牌面孔之时，明星代言人的记忆度日趋弱化，消费者又记住了谁？而且要找到与品牌调性完美吻合的又何其难？所以美妆品牌建设不一定都要请明星代言，草木之心无须通过某个代言人来刺激线下渠道商。

草木之心精粹传承西湖龙井之精华，源于具有自然精致气质的山水之城——杭州。从本质到气质，一座城市，一个品牌，一脉相承，所以草木之心的代言人是一座城市——杭州。

图2-10 "从杭州进口"概念宣传海报

在杭州这个定位上，草木之心联合《南方人物周刊》推出封面专题，和马云、华少、汤唯、吴晓波、毛戈平等14位杭州大咖一起来背书自然精致的杭州精神，品牌精神与之一脉相承，以一座城代言一品牌。同时还通过采访视频，选择最能代表这一座城市气质的生于此或长居于此的人来录制视频——"杭州名人谈杭州气质"，开始了关于杭州这座城市的话题引爆。

图 2-11 《南方人物周刊》封面专题

图 2-12 杭州大咖主题宣传页面

接着从杭州出发，提出概念"从杭州进口"。草木之心在美国《华尔街日报》刊登全版广告，借由广告语"从底特律进口汽车，从巴黎进口香水，从米兰进口包包，从波尔多进口葡萄酒，从杭州进口草木之心"，骄傲地向世界正式宣告草木之心品牌升级,"草木之心,从杭州进口",以此品牌口号向世界发布。同时草木之心品牌首条TVC播放深刻传达"从杭州进口",表明中国也有孕育上佳天然护肤品的一切,力撑国货。国外做事件、国内传播话题的方式使得草木之心的知名度大大提升。

图 2-13 《华尔街日报》全版广告

"定位以杭州为背景,基于特产,做一些不易模仿的产品",这便是草木之心的品牌传播之道。由于现在做草本护肤的品牌很多,以至于没有个性,草木之心多加了杭州这样一个标签就有了与众不同的独特记忆。这样公司在前端发力的时候,也不会有很多模仿的人,不会被淹没在copy中。虽然整个营销案例投入几百万元,但对于草木之心的品牌背书来说是值得的。草木之心以杭州为背景,接地气的创意,清晰的品牌,逆向思维、群组形象的品牌传播使得草木之心在"芸芸众生"中脱颖而出。

从互动到整合：步步走心

技术的进步让媒体生态就像是一个没有任何经济法律约束的自由市场，在这个自由市场里若还没有进店驻扎就会被别人取而代之。单一网络平台的传播，在当下的营销环境中已经难以达到瞬间制造强覆盖话题的影响力，整合线下线上，实现传统媒体和新媒体的互动整合传播，才能持续卷入关注，实现全盘传播效应。草木之心也深知这一点。所以在草木之心宣传的第二阶段不仅仅推广"茶护肤"产品卖点概念，更为双十一做了准备：

1.全球招聘绿茶妹担任产品经理，招聘条件：形象清新脱俗、内在岁月静好人畜无害、对护肤工于心计、懂茶爱茶。同时表明品牌特质和产品特点，定义了目标消费者图谱：绿茶女就是目标消费群（18-25岁女性）的形象标签，成为品牌资产之一。由此以"校花绿茶妹"为微博热搜词，#求鉴校花绿茶妹#话题持续成为微博、热门话题TOP3，话题阅读量超过3000万，吸引近8000人参与测试应聘。

图 2-14 10万月薪招聘绿茶妹宣传

2.绿茶妹招聘话题引导销售收割"从杭州进口"话题势能，将话题焦点转移到草木之心"茶护肤"卖点上，并推出图文帖"茶护肤的前世今生"。

3.跨界合作，联合天猫坚果第一品牌"新农哥"推广"双十一脱单，新农哥牵手绿茶妹！不止50%OFF"活动。

图 2-15 草木之心牵手新农哥宣传

4.推出移动端游戏PK茶男神，通过互动游戏直接传递品牌产品的核心卖点，更带动优惠券领取，并且最终引流到店铺销售，促成交易。

图 2-16 茶男神 PK 绿茶妹手机互动游戏

5.明星单品"茶颜美色"礼盒同步包含杭州名品龙井与丝绸手绢，打造双十一明星爆款。

图 2-17 茶颜美色礼盒

6.女性KOL、名人推荐明星产品拉动购买欲望。

7.前期的平面精华内容、视频通过网络社交媒体发酵。

8.名人"城市名片"创意,把平面媒体的内容转化为网络热传内容、杂志专题,每个名人的文章版面上均量身打造他们各自的城市名片,品牌获准转到网络上传播等。

最终获得的传播影响力效果从品牌认知层面来看:品牌曝光量5亿(仅计算淘外曝光)、有效覆盖人群达3亿,超过200个蓝V、黄V意见领袖主动卷入参与讨论。从传播影响力层面来看:百度指数显示,项目推广上线期间#草木之心#搜索指数持续上升,同步增长30%,环比增长26%,移动同比增长83%,移动环比增长29%。推广期间,#草木之心是哪里的牌子#搜索词上升大于1000%,#草木之心是哪里的#搜索词上升大于13%。权威媒体还主动报道扩散,即杭州市政府官方微信公众号("杭州发布")主动报道此项目,共逾180个微信公众号自发传播本项目信息。

双十一销售战绩:双十一销售额同比增长104%,推广期流量同比增长200%,双十一期间同比增长300%。抹茶古皂销量蝉联3项类目销量排名第一:手工皂单品全网销量TOP1、手工皂精油皂类目单品销量TOP1、古皂销量排名TOP1。

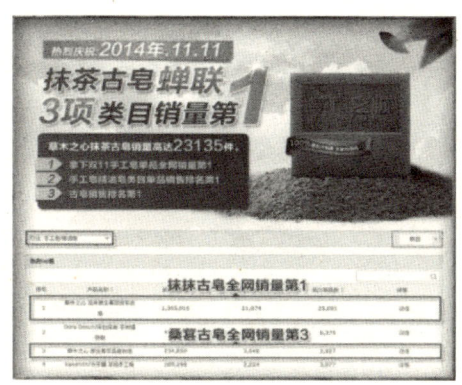

图 2-18 抹茶古皂双十一战绩图

这样的大获全胜无疑是对互动整合营销的最好诠释。

从线上到线下：环环精心

在电商平台销售护肤品，尤其对于没有线下基础的淘品牌，最大的障碍在于缺乏为受众提供体验的现场。没有触摸就没有真实感，这个痛点始终困扰着草木之心的发展。从线上扩展到线下的计划实施，草木之心的脚步是谨慎的。公司预计2015年先进超市，尝试性地在卖场铺货，部分区域设置规模较大的展示柜，作为试水。明年开始考虑进一步发展——与有较强线下实体背景的公司合作。

2014年之前，草木之心"以攻代守"；如今，品牌转而"以守为攻"，做一些力所能及的事情，按部就班地"修炼内功"。其实这也是所有高速发展的淘品牌均亟待解决的问题之一：合理构建企业内部文化。通过对企业文化的描摹，为品牌提升内涵。这样，才能更高效地投入下一轮的发展。

为了进一步从产品端、体验端入手，让原有客户更具参与度。在电商平台的试水中，草木之心也有了多元化发展的倾向，在淘系平台基础之上，开始与京东、唯品战略合作。针对日趋纷繁的移动销售平台，草木之心并不急着大力拓展业务。

谨慎接受风投，也是草木之心的发展原则之一，因为杨永毅把草木之心当成是自己的孩子，只期稳扎稳打不求拔苗助长。"3年之内完成线下铺店以及找到一句能够联想到品牌的话，5年之内把与草木之心相关产业联合在一起做成有上下游的产业链"，这是草木之心在未来的规划。

电商都是快速成长的企业，这导致电商会有一个通病——自己的道路看不清楚。跑得太快看不到风景。跑得太快也看不到陷阱。只有"有心人"才能步步为营。

从现在到将来："茶生活专家"

出生在大红袍产地武夷山，学艺在铁观音产地泉州，创业在龙井产地杭州，草木之心创始人杨永毅注定要让品牌与茶有缘，与茶息息相关。

在整个天然草本护肤品类中，草木之心面临着激烈的竞争，既有成熟的线下品牌，例如佰草集、自然堂、相宜本草、百雀羚，又有高速飙升的淘品牌，如阿芙、御泥坊、膜法世家、瓷肌、朵拉朵尚等，这使得草木之心的品牌突围之道必须强而有力。草木之心的消费群体是偏向于年轻化、小清新范儿的，现在的草木之心已经有了阶段性的记忆点，如"天然茶护肤"概念，这是偏功能性的概念，还没有找到能让人持久记忆、能够留给顾客深刻印象的点。这对于现在的草木之心而言是一个瓶颈。

我们都知道，对于品牌的质量标准有国家标准、行业标准和企业标准三个层级，就目前的草木之心而言，不同的产品现有不同的标准，比如爽肤水是国家标准。如果是拳头产品，草木之心也会把企业标准做成行业标准。一流企业是做标准的，其他企业要做只能附和你的标准。期待草木之心能尽快有自己的企业标准，真正成为顾客心中的"茶生活专家"。

万万没想到,"沙发"是这样被卖出去的
——林氏木业双十一主题营销方案

一个家具行业的无名小卒,白手起家。

一个电商难以突破的平台,从零开始。

敢做敢拼,有时候真的会有万万没想到的结局……

万万没想到:一个家具品牌,一天卖了3.3亿!

1914年,广东佛山,人们习惯了,通过飞鸽传书,订购自己想要的货品……

一时间,送货会馆,鳞次栉比。

这些送货的小弟,人人习练,佛山无影腿,送货快准狠。

遂在广东一带,人称快弟。

……

是不是有点无厘头?是不是陌生而又熟悉?是不是很好奇这个故事的来龙去脉?

这正是2014年双十一前夕,互联网家具品牌林氏木业携手新媒体影视界领头人万合天宜,共同拍摄的品牌定制微电影《佛山无影林凌七》的开头。故事讲述了民国期间,一套真皮沙发引起的佛山江湖动荡。林凌七(本煜饰)和Tony孔(孔连顺饰)到底谁才是真正的"快弟之王"?你没看错,就是这么个无厘头的故事情节。如果你有幸看过这个微电影,那么我相信电影里"朗朗上口"的台词,"与时俱进"的画面,一定会让你忍不住一边看一边拿着扫把在地上扫节操。

图 2-19 品牌定制微电影《佛山无影林凌七》宣传海报

等等，你说什么？你是万合天宜的铁杆粉丝，而且你觉得这部片子新鲜有趣，又创意十足，连看了十遍还是没有过瘾，而且被片子里林氏木业漂亮的"一家三口"家庭沙发组合洗脑，决定再也不去宜家吹空调，而是把家里的家具全扔了，然后打开淘宝直接搜索"林氏木业"？那么我是应该恭喜你成功中招呢，还是应该恭喜林氏木业这次的微电影营销成功地打动了你呢？

如果你还没有看过这部微电影，也许看完上面的介绍，你也会对这部片子有些好奇。除非你从来没有打算在淘宝上购物，一辈子不买家具而且对互联网热门自制剧一点都不感兴趣。请问，您是从哪个朝代穿越过来的？

"林氏木业"这四个字对于一些没有购置家具需求的人来说可能不甚了解。直到有一天，林氏木业决心要让这些"路人"瞩目，提升知名度。毕竟作为天猫上家具行业第一淘品牌，只靠淘宝上那些搜索"沙发"、"床垫"的流量来源，确实有些不够。况且现在25-35岁人群都是互联网家具的主力购买人群，对于林氏木业来说，年轻人已成为主要销售对象，但是对于这群人来说，"林氏木业"相较于"宜家"、"红星美凯龙"这样的大品牌，还仅仅是个名字。

要说现在最火的营销概念，"跨界营销"便是其中之一；要说现在互联网上年轻人最喜欢看的东西，那么由号称"国内最成功的新媒体原创内容天团"的万合天宜出品的几部自制剧也绝对算得上名列前茅，《万万没想到》、《报告老板》、《学姐知道》等热播剧在互联网上粉丝逾千万，人气高涨不下。既然要吸引年轻人，那么借助年轻人所追崇的东西来表现自己，不失为上策。相较于其他品牌在热播剧中冠名、植入或者是插播，林氏木业并不满足于这样的合作，既然已经跟万合天宜有过愉快的合作了，那就索性玩大一点吧。万万没想到，史上最任性的"7年最低价"，会通过一部微电影的形式向大众传播，而且这个玩起"最低价"的品牌，竟然是一个家具品牌，恐怕现在都还有很多人不知道网上可以买家具吧。喂，醒醒，淘宝上真的连房子都可以买了好么，家具早就能买了。

　　林氏木业的双十一营销策划结合了时下最流行的两大营销手段——跨界营销和娱乐营销。诙谐幽默、出人意料又合情合理的微电影里，林氏木业的组合沙发差点抢走了万合群星的风头。《万万没想到》里的创意前贴简单粗暴，深入人心，"家具买得好，丈母娘随便找"——你确定你hold住这么凶残的slogan？《学姐知道》百科播报，配合林氏木业双十一"家具嘉年华盛典"，特别定制桥段，围绕"家具装修看风水真的有必要吗？"的话题，以"脱口秀+爆笑情景剧演绎+动画示意"的创意表现形式，巧妙融入林氏木业产品和品牌信息，让林氏木业的品牌知名度在年轻人里又上一个台阶。

　　仅仅拍个微电影，植入个热播剧就完了？NO，NO，NO！优酷、爱奇艺、Acfun、Bilibili等十余家视频网站和媒体在首页、频道首页等位置对《佛山无影林凌七》微电影进行了推荐，助推和扩散微电影人群覆盖面。微电影上线后，导演马诗歌微博直发，叫兽、白客等万合艺人排队转发微博，艺人粉丝数累计超1120万，全面覆盖万合天宜年轻粉丝群体，有效扩散视频上线信息。此外，YouTube精彩视频、韩饭桶、微博搞笑排行榜、我的前任是个极品、小野妹子学吐槽、V电影等微博大号纷纷转发林氏木业官微视频链接，在第一时间扩散视频信息，推高微电影热度,帮助视频扩散到万合天宜粉丝以外的人群。

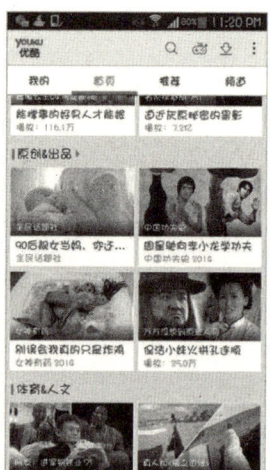

图 2-20 视频转载汇总图

图 2-21 视频转发汇总图

光看视频怎么够呢?独乐乐不如众乐乐,林氏木业官微发起了有奖互动活动,主动邀请消费者参与互动。活动发布24小时内,阅读868.2万,转发19809,评论9327,网友们对这样的营销活动积极性颇为高涨。通过万合群星转发、大号助推、微博有奖活动等动作,#林氏木业双十一#话题轻松登上微博热门话题榜单第33位。

除了围绕微电影和自制剧的营销活动，为了进一步激发粉丝的热情，扩大影响力，林氏木业还开展了明星签名书及周边有奖转发活动。定制抱枕上的"流师猛烟端""累骚梦药党"到底是什么意思？猜一猜，轻松获得明星签名书和签名抱枕的同时，让参与者在"宜家"的同义词里，不自觉地加上了"林氏木业"这三个字。

如果你最近正想换个床垫或者沙发，那"双十一，7年史上最低价"的标语对你的冲击力一定不小。微电影、热播剧的意义除了吸引年轻观众，在"网络依赖症患者"心里植入"林氏木业"，更重要的当然是助力即将到来的天猫年度重头戏——"双十一"。11月11号当天，依靠天猫站内推广、百度等线上网站推荐、线下广告、移动端助推等整合营销推广，林氏木业顺利成为天猫家具类销量第一、全网第四的品牌。当天成交额高达3.3亿，其中林氏木业旗舰店的成交额达到了2.7亿。活动当天，林氏木业依约打出了"六大品牌全场低至1到5折"的折扣，百款预售百款聚划算品牌团。此外，推出iPhone 6免费送、万元免单、1111元返现等各种活动，以1亿元优惠券回馈消费者。

万万没想到：3.3亿背后，竟是这样一个品牌！

当你对以上这一连串声势浩大的营销活动感到震撼或折服或不屑一顾后，相信你一定有一大堆的问题要问："林氏木业"到底什么来头？互联网家具真的已经迎来黄金时期了么？家具品牌未来的发展在哪里？

林氏木业副总经理马灿兴说，很多家具企业都不承认林氏木业是做家具的企业。

如果说万科在互联网上卖房子是个创举的话，那么林氏木业的地位大概就是家具行业的"万科"了。但是与万科的不同之处在于，林氏木业是根正苗红的互联网原创品牌，连百度百科对它的定位，都是"一家专门从事家具销售的电子商务公司"，难怪在业界，林氏木业被视为异类。可是同样是淘品牌，为什么茵曼是服装企业，三只松鼠是食品企业，到了林氏木业，卖的全是家具，却没人承认它是家具企业呢？

跟买房子去售楼中心一样，买家具去哪里？习惯性思维当然是家具城。可是林氏木业说，上天猫才是王道！2007年，大学没毕业的小青年林佐义来到"遍地是家具"的广东佛山，怀揣着一个"在网上卖家具"的奇思妙想，用最后一年的学费，开始了淘宝追梦之旅。可想而知，当时的淘宝上几乎没有人会卖家具，也很少有人会想买家具。毕竟，家具不是衣服鞋子，家具是大宗货品，走不了快递，经不起长途，卖不了低价，对林佐义来说，这个梦想的完成看似处处是障碍。然而，正如后来那首林氏木业主题曲的名字——《倔强的梦想》一样，越是艰难险阻，越要勇往直前，第一个吃螃蟹的人品尝到的，永远是世人未曾见识过的美味。经历过各种艰苦，甚至亲自踩着三轮车送货的林佐义，终于在奋斗了两个多月后，第一次获得了盈利。

"天道酬勤"或许还不能为这个企业做最好的注解，"做别人不敢做的，做别人做不到的"更为恰当。网购家具不能走快递？那就找最好的物流公司。在创业前期，受到流氓物流的影响，林氏木业曾经流失了一部分的客户，但是林氏木业在别人做不到的情况下，找最好的物流公司，实施包物流、包安装的服务。如今，全国（除港澳台）95%以上的地方，都能够享受到林氏木业的这项服务。"最后一公里"这座压在家具电商头上的大山，不仅被林氏木业顺利地搬走，还成为了它的优势所在。当其他的家具企业都没有意识去改善物流的时候，林氏木业做了第一个提出"包送包装"服务的企业；当整个行业物流链混乱，无人控制时，林氏木业规范这些队伍，成为行业的标准。

除了配送安装的服务优势，林氏木业与其他家具品牌最大的区别在于，其他大部分家具生产型企业都只提供单品类的产品，专注于某一个风格品类，但是林氏木业做的却是将自己打造为"互联网家具"的代名词，传达的是"买家具去林氏木业就够了"的信息，不管你喜欢什么样的风格、需要什么样的价位，林氏木业都能提供，并且在同款同质的基础上，只需要三分之一的价格。

正如淘宝的出现，颠覆了整个传统销售行业一样，林氏木业的销售模式和服务模式，也是对传统家具行业的一次巨大挑战。家居是一个物流产业链很长的产业，需要从物流到安装到售后的一系列本地化服务，然而林氏木业凭借自己独特的智慧与眼光，将这些障碍全部转化为自己的优势，说它是"家具行业的弄潮儿"，一点都不过分。

除了颠覆行业，林氏木业在成功后也没有忘记自己的初心，热心慈善公益事业。从2010年起，每年初夏，林氏木业都会去山区小学赠送物资、资助学生。在佛山的林氏木业线下体验馆里，林氏木业"心路启程"爱心志愿者团队的宣传随处可见。林氏木业副总经理马灿兴说："在荣誉背后，林氏木业会用更多的爱心守护更多孩子的梦想。"

图 2-22 林氏木业佛山体验店外观

万万没想到：林氏木业的野心这么大！

林氏木业最大的优势在哪里？服务？产品？设计！

其实，林氏木业的竞争力，归根到底，还是产品。没有有竞争力的产品，低廉的价格、完善的服务、高质量的营销，都是徒劳无功，无法进一步体现品牌价值。

马灿兴认为，再好的设计放在互联网上不一定就是适合互联网消费者的，原创才是最重要的，原创也是林氏木业最大的竞争优势。林氏木业会根据消费者的需求和互联网的需求，做消费者想要的设计，生产适合互联网消费者的产品。传统的设计师会去做自己想做的设计、自己认为好看的产品，但是林氏木业对产品设计的要求只有一个，那就是消费者喜欢！双十一3.3亿成交额背后，只因消费者愿意为这样的设计和产品买单。

林氏木业的产品更新速度有多快？每个月保证旗下六大店铺每家店铺上新30款，3个月全部换新款，背后是一个300多人的产品设计团队，以及一个始终坚持的理念——不做经典，没有统一风格。就像林氏木业的广告口号说的，时尚就是与众不同。林氏木业不会为消费者提供十年前的经典款，只会为消费者奉上今天最流行的家具款式。这样做的目的是什么？是为了打造家具行业的"快时尚"。林氏木业要用自己高性价比的产品，来培养中国的消费者一种习惯，那就是将家具视为衣服，成为透视潮流的风向标。

数据显示，在家具这个品类中，天猫家具的市场占比不足5%，线下仍占据近90%的比例，而且家具行业的品牌集中度相对较低，目前仅有宜家、红星美凯龙、居然之家等卖场概念，并没有特别大的品牌。所以，在林氏木业的品牌规划中，自然不会缺少对线下的重视。

继去年佛山首家体验店开业后，位于长沙、天津的体验店也相继开业，同时成都体验馆也开店在即。家具品类的特点决定了互联网家具企业必须要从线上走到线下来，对于林氏木业来说，"最后一公里"的问题已经逐步解决，配送、安装、售后等服务已成为优势，接下来便是顾客的购物感受问题：家具体验、等待过程、支付环节等。林氏木业的目标是，让消费者可以在网上选购中意的产品，然后有目的性地去体验店体验,确认后再在网上下单,而不是像传统的做法那样,在大型的家具市场内"大海捞针"。

笔者认为,要想定义一家成功的企业,可参考的因素可以有很多,仁者见仁。林氏木业想了别人不敢想的梦,做了别人没法做的事,扭转了一个品类在消费者心目中的形象,改变了消费者购买一种产品的行为,无论它是否能在今后的"双十一"卫冕,是否仍能创下几个亿的成交额,它在家具发展史上仍然具有里程碑式的意义。

图2-23 林氏木业佛山体验店内部

骆驼凶猛,勇战双十一
——2014骆驼品牌双十一整合营销

听过许多道理,依然过不好这一生。——韩寒

收藏了无数个地方,却依然没有出发。——骆驼官方微博

看过无数营销案例,依然做不好一个品牌?

也许,看一眼凶猛的骆驼,你会对一个传统品牌的线上营销有新的理解。

骆驼和他的双十一

2014年天猫双十一大促结束后,在分类目的销售冠军榜上,一个品牌的名字在服饰、男鞋、女鞋和户外类目中,出现了四次。

2014年10月9日,一则来自"路边社"的新闻在韩寒的粉丝群里炸开了锅——韩寒准备进军好莱坞!一时间,所有人都在猜测,韩寒到底要去好莱坞干吗——好莱坞要引进《后会无期》的英文版了?韩寒准备去好莱坞开拍下一部电影了?某品牌官微顺势积极地进行了重奖征集活动,引导网友进行讨论和转发。

图 2-24 骆驼双十一宣传海报

2014年10月10日,该品牌在其位于天猫的六大店铺同步上线了一款塔防游戏,

哦，原来韩寒是要在游戏里进军好莱坞，而游戏玩家则负责用该品牌的冲锋衣道具保护这位全民偶像不受雪怪、风怪、雨怪的袭击，顺利抵达好莱坞。

游戏上线第一周，便吸引了超过30万的消费者参与，并成功发放双十一优惠券数百万。

韩寒都去好莱坞了，品牌怎么甘心落后？！随后，该品牌宣布，组团去好莱坞教美国人过双十一！

又是代言人又是游戏，还要跑去好莱坞教美国人过节，是哪个土豪品牌这么任性？！没错，它就是那只连续四年蝉联天猫双十一服饰类目销售冠军的"骆驼"！还记得它在2013年双十一打出的口号么？"骆驼凶猛，踏遍美国！"这沙漠里的骆驼凶猛起来，果然霸气四射！

作为一个曾经在线下取得过辉煌战绩的传统品牌，骆驼在2010年开始加盟淘宝商城，并且在天猫大力支持传统线下品牌的2011年，借势而上，获得了诸多的资源借力，打下了良好的品牌基础。2014年双十一，骆驼既有前三年服饰类销售冠军的包袱，又有各大传统品牌及线上淘品牌的围追堵截，可谓是压力山大。然而沙漠里的骆驼最大的品质就是坚忍不拔，凶猛顽强，越是困难重重，越是要勇往直前。我就是要蝉联冠军，不服来战！

于是在骆驼总经理万金刚的带领下，2014年双十一前夕，骆驼祭出了勇战双十一的三大法宝——韩寒、游戏和美国！

图2-25 骆驼双十一销量宣传海报

骆驼玩转骆驼和他的三大法宝

2014年，韩寒高调上映自己的导演处女作——《后会无期》，并一举拿下6.5亿的票房，一时间，韩寒和他的"段子流星雨"成为了全民热门话题。其实早在2013年，韩寒就已成为骆驼品牌代言人。韩寒以作者的身份出道，并兼有赛车手、导演的身份，他历经十年才成为冠军赛车手的经历和他身上那股挑战世俗、勇敢无畏的气质，十分贴近骆驼户外产品的特征和品牌风格。此外，他在中国当代年轻人中意见领袖的地位和身份，也正是骆驼所需要的。

除了赞助《后会无期》中的服装，骆驼在双十一前夕，还借韩寒庞大的粉丝群体造势，打造了一款制作精良、画面逼真、充满趣味性的互动游戏，将玩家打造成韩寒的守护者，一路保护偶像韩寒。游戏中的各种怪物各自代表了一种恶劣的环境，如风、雨、雪等，而各种游戏装备则代表了冲锋衣的主要功效——防风、防水、防寒。

游戏是每个人都喜欢的互动方式，每个男人内心都有一种打怪杀敌的情结，利用游戏能够更好地吸引消费者，使消费者的注意力停留，并且在场景化的情景中，更加直观地接受产品的性能。根据大数据的分析，骆驼的消费者平时在浏览网站时，关注点除了新闻、军事和电视外，排在第四的就是游戏，可见骆驼对游戏的选择不是没有道理。不过你要是将骆驼的这款游戏仅仅视为一个满足消费者趣味性的需求，那你可就太小看了骆驼。玩游戏不仅仅能获得守护偶像的成就感，更能获得真正的实惠！获取双十一优惠券、生成会生钱的红包、扫码领取红包，双十一的预热流量转化全靠这款游戏！这样既能获得消费者的好感，又能强化品牌形象，既能扩大传播力度，又能让消费者获得实实在在的购物优惠，难怪骆驼的冲锋游戏上线之后，老是有人跑去跟骆驼的营销团队取经——哥，教教咱们怎么做游戏呗！

中篇：顶尖品牌的营销盛宴 77

图 2-26 主题游戏 PC 端主页

俗话说得好，光说不练假把式！骆驼的凶猛我看到了，那么说好的冲锋美国呢？说走咱就走呀！离国内的双十一还有五天，骆驼真的现身美国好莱坞山下，举办了一场精彩的CAMEL骆驼冲锋发布会暨冲锋衣科技秀。在韩寒为其拍摄的2014最新户外广告大片的背景下，欧美模特们向众人展示了骆驼最新的秋冬户外新品。发布会上还推出了采用德国Sympa-Tex顶级面料制作的骆驼冲锋衣高端系列产品——喜马拉雅系列。活动的特邀嘉宾包括美国著名登山家斯科特·亚当姆森和攀岩专家安德鲁·荷德希。

图 2-27 美国冲锋发布会暨冲锋衣科技秀

图 2-28 美国登山及攀岩专家

说到冲锋美国，骆驼也是底气十足，总经理万金刚认为，在骆驼主推的户外产品上，中美差距并不大，虽然在中国市场竞争激烈，但是美国的户外市场基本是几大品牌垄断。而且美国的户外产品更新速度慢，擅长做经典款，而骆驼的产品性价比高，更新速度快，款式时尚新颖，在美国具有很强的竞争力。

那美国就算是去过了？这就算是只出过国的骆驼啦？不，还没完！以前总是说咱中国人崇洋媚外，接受美国的文化输出，今天中国强大起来了，虽然大伙儿的中国梦还没全部实现，但是双十一的剁手节也算是个中国特色，不是说好了要教美国人怎么过双十一的么！骆驼宣布开设美国双十一分会场，现场互动演示，邀请美国小伙伴们一起参与双十一剁手狂欢，美国的亲们，全美包邮哦！

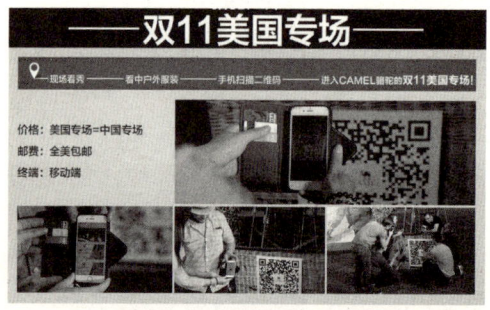

图 2-29 美国双十一活动

户外产品的营销做得这么好,男鞋市场也不甘落后,此时,恰逢电影《变形金刚4》上映,骆驼干脆与之跨界合作,联合推出变形金刚限量款战靴套装。果然,擎天柱的粉丝不比韩寒少,该套装不仅进一步提升了骆驼男鞋的知名度和好感度,而且市场反应良好,成为双十一销量明星款。

图 2-30 《变形金刚》战靴

骆驼和他的掌"驼"人

电商品牌发展到今天,国内市场竞争激烈,平台化程度相对较高。像骆驼这样的服饰品牌,竞争更是白热化。而在户外品类,中国市场上没有标杆性的企业,消费者对国外大牌却又是盲目地崇拜。对骆驼来说,如何在营销上独树一帜,寻找新的品牌营销和传播的突破点非常重要。2014年9月,阿里在美国上市给了骆驼非常大的启发。既然国内市场已经饱和,那为何不向海外市场进军?美国的户外产品性价比远不及中国,而且现在中国的综合国力也提升了,是时候走出国门,走向世界。在万金刚看来,不论是内涵、气质还是消费者认知和品牌定位,骆驼都适合做一个国际品牌。围绕户外主题,骆驼就是要走世界,目标就是要做世界品牌。国外的品牌企业文化、品牌理念都做得非常好,而这些骆驼也同样可以做到。

说起骆驼品牌的总经理万金刚,很多人对他的印象都是温和、坦率,彬彬有礼。其实最早万金刚是学医出身，后来在中国改革开放迎来高速发展，全民皆商的上世纪九十年代初，万金刚开始弃医从商。独到的商业眼光、敏锐的市场嗅觉、出色的鉴赏水平，使得万金刚的鞋子越卖越好，他也从最初的简单代工，做到了拥有几大品类的知名品牌。

从1991年最早的拨号上网时期就开始接触互联网的万金刚，对网络的热爱溢于言表，并且称自己是个"网虫"。一个优秀的品牌管理者最重要的特征就是能够审时度势，善于在别人还没有反应过来的时候就抓住一切可以抓住的机会来发展自己。2010年，已经在线下拥有3600多家实体店的骆驼在万金刚的领导下，开始进军电商行业，在淘宝平台上开设了第一家CAMEL骆驼服饰店铺。"网虫"转身做起了电商。

企业家的性格就是品牌性格，这句话在万金刚和骆驼身上体现得淋漓尽致。

万金刚的身上，有挑战传统与权威的叛逆个性。骆驼从男鞋起步，到今天坐拥女鞋、户外、男装、女装、童装等多个品类；从销售额数十亿元的线下实体店走到新生的互联网电商平台，每一步都走得出人意料而又精彩无比。万金刚为人实在、低调，不爱嘚瑟，骆驼的品牌传播也一度偏弱，后逐渐强势，但是骆驼的营销玩法一直都偏强，以实效为主，以简单粗暴地给消费者优惠为目的。在增加话题性和传播性的基础上，用一些基础的包装来扩大传播范围，增强传播效果，本质上不玩虚，不玩炫，只给实惠。2014年双十一推出的"病毒式扫码活动"，没有韩寒的塔防游戏生动好玩？不一定。至少效果一样棒棒哒，因为其实大多数的消费者在意的还是能够从品牌的互动中获取实惠。

与一些传统品牌转战线上有很大区别的是，骆驼公司目前将线下实体店与线上的产品销售完全分开，产品完全没有重合度，由于受众不同，审美上也有差异，所以不存在价格和销售上的矛盾和冲突。但是在客户关系维护和整体营销方面，骆驼希望能够打通线上线下的隔阂，让消费者在一个平台上沟通交流，同时建立一个线上线下结合的立体营销模式。

　　无论是2014年双十一的"冲锋美国"，还是2013年的沙漠挑战赛，骆驼的"户外时尚化"营销概念到最后都会选择落地。2015年上半年，骆驼再次回归沙漠，做了一个户外节的活动，将线上的游戏落地到线下，邀请了著名的美女主持人沈梦辰，与消费者一起"点绿大漠"，并进行腾格里沙漠穿越。通过游戏和场景化营销来吸引消费者确实是一个营销的亮点，消费者的停留和注意力毕竟有限，对消费者最好的培养就是为其营造一个现实的场景——一个宅男或许今天穿着一双帆布鞋就来参加户外活动了，但是看到周围人都穿着骆驼的户外产品，下次他就会穿着登山鞋来了。光靠品牌的营销无法真正俘获消费者的心，但是品牌可以跟消费者交朋友，尤其是户外这类结合了消费者兴趣爱好的产品，一旦帮助消费者建立起了一个社交圈子，消费者就会对品牌产生感情，这种感情是很难再转移的，同时也能够起到与品牌进行互动和沟通的作用。

　　骆驼的线上销售在借鉴迪卡侬模式的基础上，拥有强大的产品背书，多品类，更新快，款式时尚新颖。如果说前几年骆驼的整体思路是从线下走到线上，那么现在的新目标就是将线上线下的资源整合起来，用线上的思维来做线下。

图 2-31　骆驼掌驼人万金刚

地产老大甘做电商菜鸟
——2014万科"买房不用等十年"双十一专场购房活动

万科曾经的成功或许已很难复制，但以万科为代表的传统企业在互联网时代的转型之路更是一个经典的案例，能够为所有认为自己不适合互联网化的行业做出一个榜样。

消费者的习惯是可以改变的，只要你足够了解他的痛点；技术与跨行业的问题也是可以解决的，只要你的合作伙伴之间的关系足够有诚意有价值。

归根到底，与其说是传统行业在时代背景下被互联网化了，还不如说是传统行业为了不在时代的潮流中被淘汰，主动拥抱互联网。

万科与阿里巴巴的第一次恋爱

"亲，你们这个网上卖房的活动是真的咩？"

"亲亲，当然是真的！"

这样的对话，在双十一期间的"广州万科购房中心"淘宝店里，每天都在上演，而且，这段对话出现的频率，是所有对话中最高的。这出乎所有小二们的预料。

这究竟是个什么样的活动，让消费者对电子商务巨头淘宝网上举办的活动产生了怀疑？

这得先从搞活动的这家店铺说起。说起"广州万科购房中心"，在发展了这么多年的淘宝上，人们能想到最高客单价的商品，无非是汽车。而2014年双十一前夕，万科的加入无疑成为淘宝类目的新亮点。房产巨鳄的加入，也再次刷新淘宝销售的最高客单价纪录。

2014年双十一前夕，以广州万科为发起者，全国四大区域、18家万科公司、108个楼盘共计上千套房源在双十一惊艳上线，吸引了无数焦点的目光。伴随着店铺开张的，一个同样令人眼前一亮的活动"买房不用等十年"同步上线。

图2-32 万科双十一主题宣传海报

什么？！买房不用等十年？听到这个活动名字，你是不是也有点冲动想点进去瞧瞧，然后弱弱地问上一句："这活动是真的吗？"

活动不仅是真的，还真的把房价降下来了，双十一零点秒杀的房子，甚至真的打了五折！传统房产行业果然是要么不玩互联网，一玩起来就要心跳的感觉！

如果你稍微有那么一丢丢关心房地产市场，又不小心是个淘宝常客，那么你一定听说过2014年八月，杭州万科在淘宝上搞的一个活动，叫做"账单抵房款"。天天喊着剁手的淘宝买家们忽然发现，自己在淘宝买了这么多年这么多东西，这些花销忽然能够抵买房钱啦，最高200万封顶。一时间，买房子的人纷纷打开淘宝查起了账单，算起了优惠，卖房子的人纷纷打开了淘宝查询起了开店页面。

果然，广州万科的同事先坐不住了，杭州万科的小伙伴们太先进啦，果然是近水楼台，赶紧传授点经验吧。于是杭州万科便帮广州万科牵了线，来来来，一起做电商，去淘宝上卖房子啦。

从九月中旬开始与阿里双十一行动组洽谈，到双十一活动正式上线，广州万科与阿里从接洽到活动上线仅仅用时一个月，远远低于一般电商企业备战双十一的周期。然而不怕时间紧，就怕对手不靠谱，好在，两家企业都是行业巨头，也都是行动派，就像两个谈恋爱的小朋友，一见钟情，你情我愿，分分钟就擦出爱的火花来。阿里的团队在电商销售方面给予了万科很大的帮助，万科也非常有决心在电子商务平台上大展拳脚，两家一拍即合，宣传、上线、活动、成交，一气呵成，电商历史上第一家参战双十一的房地产企业就这样诞生了。

对于万科来说，到线上去卖房子，代表了未来的趋势，什么时候开始，在哪里开始，一切都只是时间问题。如今的电子商务已经发展得非常成熟，人们的购物习惯也已经基本养成。衣食住行，大到汽车飞机，小到油盐酱醋，万能的淘宝几乎包办了我们生活的方方面面。除了房子，淘宝上基本是什么都有。在所有行业都嚷嚷着要玩"互联网+"的今天，作为传统房地产开发行业的领头羊，万科不得不考虑，是在互联网的浪潮中被后来居上者打败，还是利用自身的优势，走出行业的第一步，捍卫行业先驱者的地位。

2013年底，万科总裁郁亮率领一干万科高层，快速拜访了腾讯、阿里巴巴、海尔等企业，引发业内对传统房产行业转型的一系列猜测。

2014年8月初，万科在线上推出"全民卖房"平台，将"卖房子"玩成了"全民营销"，鼓励大家做"全民经纪人"。

2014年8月，杭州万科率先与阿里合作，开展"剁手账单"活动。

2014年11月1日，"广州万科购房中心"正式上线，并创造网上售房首日成交破千万的纪录。

2014年双十一，万科在淘宝开辟"双十一购房专场"，联合全国四大区域，18个城市，108个楼盘，超过1000套精选房源，获得56.4万人次浏览，643笔成交订单，约6.5亿成交额。

图 2-33 万科双十一战绩图

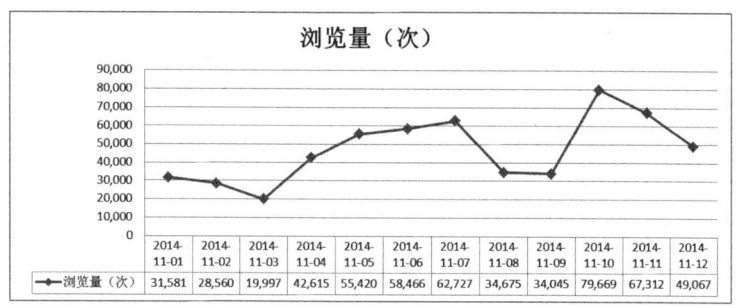

图 2-34 万科"双十一购房专场"专题页面客户浏览量

转型第一步背后的痛苦与收获

万科骨子里敢为天下先的创新精神和顺时代潮流勇往直前的魄力,令整个业界都感到震惊。但是只有真正参与了这次活动的人,才知道这第一步走得有多么艰难。

首先,这确实是一件没有前人做过的事情,没有经验可学。对于广州万科的团队来说,这也是他们第一次涉足互联网行业,光是要转变传统企业的营销思维,去适应淘宝的营销规则,就是一个难题。传统的地产行业投放广告的模式是固定通投,买下一个网站的Banner就是包天的价格,无论受众是谁,一整天都能够在网站上看到这个广告,但是淘宝资源的竞价模式是RTB(Real Time Bidding)实时竞价,商家浮动竞价,即价高者得。对于电商菜鸟万科来说,淘宝内商家竞争以及宝贝展示玩法复杂，学问多多，需要迅速地转换角色，以适应电商的生态圈。万科从房源选择、房源价格、房源展示以及旺旺小二服务团队等多个方面苦下功夫，力求借势阿里上市后的第一个"双十一"，将淘宝的巨大流量转化为实际的成单交易行为，不仅要做一家试水电商的房企，而且要成为电商行业的地产领头羊。

除了自身的难关，万科面临的最大问题是消费者的购物习惯。消费者的购房习惯是不可能一下子改变的，必须经历一个过程。正如开篇的小对话显示的那样，万科在线上开店卖房的意义不仅仅是做一件没有人做过的事情，更是要逐步培养起消费者在线上购房的习惯。当消费者已经习惯了在淘宝上解决一切购物问题时，到淘宝上买房子是否能够成为消费者的下一个习惯？

传统的房产销售，经销商渠道多，营销渠道多，除去建设成本等费用，一套房子真正的售价，必然有部分要交给中间渠道。但是万科做电商，打破了一切的渠道障碍，做到了真正的B2C，既降低了成本，又能够将利润直接让渡给消费者，提供更高的性价比与服务。每个消费者的心里都有一个小算盘，真正的让利能吸引所有的顾客。

对于消费者来说，选择淘宝消费是因为淘宝解决了消费者的诸多痛点。淘宝上点点鼠标，扫个二维码，第二天开门拿快递就行；身在国内遥想欧美，海淘分分钟帮你选购海外商品；囊中羞涩却又忍不住想要剁手，余额宝分期、天猫分期让你花钱还继续享收益……不得不承认，淘宝成为人们生活中离不开的一部分，确实是有原因的，这个原因归根到底与时代的浪潮无关，而是与人有关。真正的互联网社会，是以"人"为核心的社会，任何能够把"人"服务好的行业，在任何时代都能够生存与发展。回到万科的网上卖房，光是披着互联网的外衣，打着"传统行业转型做电商"的口号，是无法打动消费者的。线下的购房者从交付定金到签订购房合同之间会有一段时间的利息损失，万科就和支付宝合作，定金交付后依然可享受收益,轻松解决消费者痛点。此外,网上信息不对称,各大购房平台信息冗杂,更新时间不固定,消费者难以辨别,万科就在淘宝上开通购房中心,以官方的身份对店铺内的所有信息负责,又解决了消费者的一大顾虑。

所以说,万科这次成功地在互联网上卖房子,既是时代浪潮的推动,又是对人性精准把握的结果。如今的"广州万科购房中心"店铺内,其他17个城市的楼盘已在双十一结束后下架,真正成为了"广州万科"的线上销售中心。店铺内除了楼盘销售外,还有不定期的酒店产品、特定项目的产品券、限时的会所抵用券等在线销售。未来,还会有万科特供的更多城市配套服务产品、周边纪念品等上架销售。

图 2-35 广州万科·淘宝双十一工作现场

图 2-36 新疆万科宣传海报

图 2-37 万科淘宝售房商品页面

万科与互联网巨头们的深度合作

热热闹闹的"双十一"已经过去,万科在淘宝上开店这件事情有必然性也有巧合性,但可以肯定的是,万科作为一家极具前瞻性和危机意识的企业,一定会以此次活动为一个精彩的开局,坚定地走在转型道路上。互联网时代,由房地产开发商主导的卖方市场已经逐渐转化为了以消费者为核心的买方市场。消费者的选择更加多元化,其主权意识也已经被唤醒,房产界的"粉丝经济"或许还没有真正形成,但是无疑会在未来的某一天成为万科最大的竞争对手。王石自己也曾经说过,最终打败万科的不是互联网本身,而是你没有接受互联网这件事情。万科开始意识到需要利用互联网去网上卖房,这本身就已经是一件意义非凡的事情。但是对于已经走出第一步的万科来说,如果所谓的转型仅仅只是把核心产品放到电商平台上去售卖,那这个转型的力度与深度都远不符合万科的标准。阿里的"双十一"可遇而不可求,万科借助"双十一"的资源高调宣布进军电子商务平台后,必然将继续与阿里进行更加深度的合作。

对于万科来说，精准地找到自己的目标消费者然后把产品卖给这些人是最终极的目标。阿里自身背后的大数据显然能够帮助万科完成这个地产商此前从未做过的寻找和销售的过程。利用阿里庞大的数据库和成熟的算法，万科能够研究自己的房产项目实际成交客户的特征，然后将其标签化，之后再同步放大十倍百倍，然后再还原到淘宝的数据库中，找到更多与之相类似的顾客。对万科来说，这些顾客才是万科真正的销售对象，将推广营销信息精准地投放到这些消费者的身上，才能使营销效率达到最优。万科与阿里合作的意义绝不仅仅是销售层面的双赢，更是行业营销推广方式的一次巨大变革。尽管这样的合作才刚刚开始，但是可以预见，这样的尝试对于万科来说，绝对是开行业之先河，其效果应该也是指日可见。目前，广州万科已经与阿里开启了大数据方面的合作。利用项目自有的数据和淘宝店铺的数据沉淀，针对顾客的购买行为进行数据的还原。

在今天的中国，如果说阿里的价值在于购买行为的掌控，那么百度的价值便在于其搜索领域的霸主地位。如今的数据显示，房产成交的顾客越来越多地来源于网络，而对于网络搜索行为来说，万科与百度的合作，显然颇具价值。根据万科还原的消费者行为，当一个消费者想要买房子的时候，首先，他很有可能会打开百度进行关键字的搜索，然后再是进入一些垂直的购房网站，如新浪乐居、搜房网等。所以说，现在很多地产商大量投放广告的这些垂直网站其实属于消费者接触购房信息的第二入口，而真正的第一入口是在以百度为主的搜索网站。万科现在跟百度的合作，就是基于这样一个背景来做垂直搜索的内容。

房地产几乎是每个人都会关心的行业，它不仅关系到每一个个人的吃穿住行，对于整个线下商业体系来说，更是支柱也是核心。对于阿里、百度来说，互联网对地产的渗入程度还非常的低，无论是从市场规模还是发展空间来说，这都是一个巨大的市场。与万科这样的行业领头羊合作，不仅能够使互联网更好地渗透到地产行业，为自己的市值增值，更能够为自己的其他客户建立起一个具有普适价值的标准，成为互联网与传统行业合作的先驱和标杆。

没有风格，传播无法走远
——gxgjeans双十一"下雨就免单"

"风格"一词在传播营销环境中的提及和运用，主要是因为"风格"所蕴含的经济功用，产品、品牌希望以"不走寻常路"、"另辟蹊径"、"意料之外、情理之中"的方式来定位风格，以此塑造消费者对品牌的想象和认知，进而规范消费者的价值想象，最终提升产品、品牌的知名度，获取更可观的营销收益。

风格，让传播的效益在新媒体的环境下发挥得淋漓尽致。

走近gxgjeans，走近风格，走近传播。

有风格之大"众"小"潮"

潮牌，"潮"在差异，"潮"在风格。

近年来，天猫男装行业竞争激烈，电商男装营销呈现出一定的疲软趋势。在这种激烈、严酷的生态圈里，品牌传播唯有不断地求新逐变，才能保持长足发展的良好态势。gxgjeans是天猫男装品牌新起之秀，在竞争激烈的天猫男装行列中，试图走出自我风格，打造具有独立个性的天猫男装潮牌。

图 2-38 gxgjeans 官方旗舰店首页

从大众时尚意义上讲,大G是一个介于商务和大众市场之间的品牌,总体风格偏大众化一些;小g是一个介于潮牌和大众市场之间的品牌,总体风格偏潮一点。大G和小g之间,在保留互通性的同时,各自走出了自己的风格,而不同的风格形成了不同的传播效应,不同的传播效应叠加起来,促进了GXG品牌整体的良性发展。就大G而言,几经商场洗礼,走过7年,迎来了品牌的鼎盛时期,而极盛之后的路怎么走,是值得深思的。以85后为界限,中国消费者异军突起,大G原先以黑白灰为主色调,迎合了85前那一代人的大众市场,但是5~7年之后,原先定位的消费群体不再年轻,新的年轻人成长起来,这时大G选择跟着原先的消费者一起成长还是另寻消费群体,成为一个十字路口上的关键抉择。就新的消费群体而言,他们是小g的市场目标。不同的消费群体风格,决定了不同的品牌风格。大G的风格总体上是向下的,小g的风格总体上是向上的。目前,小g的潮牌战略定位略高,但是大多数产品是基本款,小g的目标客户是这么一群人:他们对于生活的态度是严谨的,对待细节是认真的,对待工作是有追求的,他们关注世界动向,勇于接受挑战,是各个专业领域的精英,并热衷于追求国际化、都市化的精英形象。未来的小g能否成为这群年轻消费者热衷的品牌，时间将会见证。但无可置疑的是，未来男装的零售市场，市场份额除了被几家巨头占领外，剩下很大一部分将会被未来的新生代划分，这些新生代品牌将会根据自身的属性走差异化路线，对服装品牌进行人格化的细分，这种品牌人格化细分必须建立在风格定位的基础之上。

图 2-39 gxgjeans 产品图

　　gxgjeans秉承不断创新的理念，突出新生代年轻人的个性需求，将非常规的设计思维融入品牌，把苛刻的细节和精致的工艺相结合，把新潮的创意亮点和简约舒适的品位相结合，这些特质逐渐深化，内化为小g的风格。大"众"小"潮"的风格定位为GXG带来了品牌的互补区间，为gxgjeans带来了市场新领域和传播新空间。

有风格之下雨免单

面对一群新潮、独立的消费者,如何寻找一个点将他们的兴趣和利益关联起来并且不牵强地加上卖家的意愿?如何在营销竞技中走出自己的风格?

男装市场品牌日新月异,但品牌同质化严重,大部分品牌注重促销而忽视了营销,传统的营销活动形式老化,没有真正抓住年轻人的兴趣点,达到最佳的营销效果。由于促销活动的泛滥化,电商消费者对于促销信息的敏感度降低,加之其年龄趋于年轻,知识水平较高,仅靠促销活动很难长久地吸引年轻消费者的注意力。gxgjeans的目标受众是崇尚新潮的年轻群体。他们具有独立的生活态度,热爱新鲜事物,乐于接受挑战,追求新奇与时髦,并热衷公益与创意。在媒体接触习惯上,互联网是他们最主要的沟通和娱乐手段。因此,品牌在以促销刺激消费的同时,也要满足他们的好奇心和新奇感。

11月11日是天猫双十一购物狂欢节,也是gxgjeans年度最大的一次营销活动,为了能在双十一这个群英荟萃的日子里胜出一筹, gxgjeans这次试图打破常规,走出一条独具风格的非传统电商之路,抛开常规的双十一5折促销模式,筹划一次有风格的话题营销事件。在以往的双十一营销活动中,gxgjeans都会提到免单,但从去年开始很多电商男装也提出了免单的口号,为了避免口号的同质化,gxgjeans希望此次双十一能从"免单"中跳出来,把"免单"作为创意原点,在此基础上发散,接连想到了"潮"、"潮男求免单"等话题,最后选择了风格化更强、更鲜明的"下雨免单",用"11下雨就免单"造噱头,独树一帜地引爆了双十一购物狂欢节。

"下雨免单",让风格落地,让传播走远。

图 2-40 双十一下雨就免单宣传海报

有风格之量变质变

此次"下雨就免单"的话题营销活动主要分为三个阶段，第一阶段是事件启动并预热阶段；第二阶段是视频、游戏引爆话题阶段；第三阶段是店铺活动冲刺话题阶段。这三阶段的营销活动都诠释了一个道理：风格就是传播。

第一阶段：10月16日到10月19日，启动和预热。gxgjeans准备了100把设计独特的伞，伞套和打开的伞面上都印有"gxgjeans，双十一下雨就免单"的字样，给行业活跃分子、行业媒体人、自媒体人、广告界媒体和天猫相关运营人士等有良好关系或有重要影响力的KOL提前快递订制伞。让他们在事件当天集体发布微博，以此来引起行业热议。由于在活动前派送了专属雨伞，10月16日，行业大V、时尚圈达人、KOL在官方微博晒出雨伞照片，以"双十一下雨就免单"为话题的微博引起粉丝主动转发和行业热议。10月17日，小g在官方微博发布重磅消息"双十一下雨就免单"，这引起了众多行业大V的转发及热议。10月18日到10月22日，行业大V和KOL引爆"双十一下雨就免单"这一话题，"双十一下雨就免单"得到了舆论的持续关注，热度持续引爆。几乎同时，行业微信标杆卖家刊、电商报等发布gxgjeans"双十一下雨就免单"报道，在微信平台上引爆热度，引发舆论的持续关注。

图 2-41 活动订制宣传伞

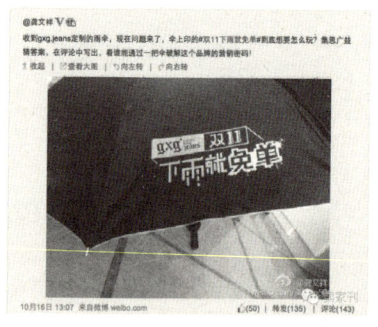

图 2-42 大V转发雨伞

预热阶段话题营销，通过行业大V、时尚圈大人和KOL在微博和微信上的传播和热议，扩大了传播范围，将"下雨就免单"这一事件引向公众，扩大了"下雨就免单"的传播范围，极大地增强了该话题的知名度和影响力，增强了话题的互动性，加深了消费者对gxgjeans的品牌印象，为后续的传播营销活动奠定了基础，传播实现了量的突破。

第二阶段：10月20日到10月30日，话题引爆。10月20日，gxgjeans在官方微博发布双十一求雨视频：《千方百计求下雨》。视频引起了众多行业大V的转发和热议。视频主要有五个场景组成：

场景一：长满青草的墓地旁边，全身黑衣的潮男一边烧纸一边说道："爷爷啊，求下雨。"

场景二：广场上，一潮男拿着一杆巨大的毛笔，龙飞凤舞地写下"求下雨"。

场景三：一个潮男努力在荒地上跑，终于跑到一个炮台上，而大炮上赫然写着"求下雨"。

场景四：熙熙攘攘的巷子中，潮男浸在一口水缸中间，水缸外面赫然印着"求下雨"。

场景五：一滴雨落在一个潮男的鼻尖上面，镜头拉开，他站在一个硕大的"免"字上面，兴奋地跳起来喊道："终于免单啦！"

图2-43 《千方百计求下雨》视频截图

推出病毒视频的同时，用互动游戏来吸引消费者参与。游戏的规则为：在限定10秒内用购物车接到更多的衣服，达到20分以上即可获得双十一大尺度优惠券（随机50元、100元、150元）；游戏中还会随机出现下雨界面，即有机会接到免单礼盒，赢取双十一免单名额。互动游戏的推出，调动了消费者的广泛参与，游戏的趣味性和"下雨免单"的主题相一致,也传播了新潮的品牌属性。

图 2-44 互动游戏宣传

视频《千方百计求下雨》的现代化叙事手段、黑白色调、表现形式都强化了 gxgjeans 潮流化的品牌风格,使话题传播的深度增加。悬念化、新潮化的视频使得"下雨就免单"深入人心,增加了消费者对该话题的印象,提高了话题的渗透力。视频游戏的趣味性和互动性,吸引了更多的消费者进行体验和互动,增强了品牌黏性。视频和游戏的引爆,使传播变得更为风格化和具象化,与第一阶段传播在"量"上的攀升相比,第二阶段的风格化视频和游戏,使传播实现了"质"的飞跃。

图 2-45 "求下雨"话题转发

第三阶段,10月31日到11月10日,冲刺话题。10月22日,店铺免单规则揭晓,11月1日至11月10日加入购物车就将获得抽奖机会,共开放300个下雨就免单的名额,获得名额的人,如果所在地区下雨,最高可免1111元,即使不下雨,也可获得300元优惠券。

双十一当天,在官网上推出以"时尚罪"为主题的营销活动。"时尚罪"活动有着新潮、刺激的广告语:

"不论是街头潮男还是文艺青年,他们拒绝将就与妥协,渴望在满是标签的年代找寻真正的自我。有人说,穿得太黑帮老大?太花花公子?太时尚芭莎?太特立独行?每个人都有时尚的权利,如果时尚也是种罪,那么'时尚罪'就是我们对生活的不二态度。潮男们,你们准备好了吗?11月11日零点,五折、免单、百万豪礼,让你'罪'有应得!"

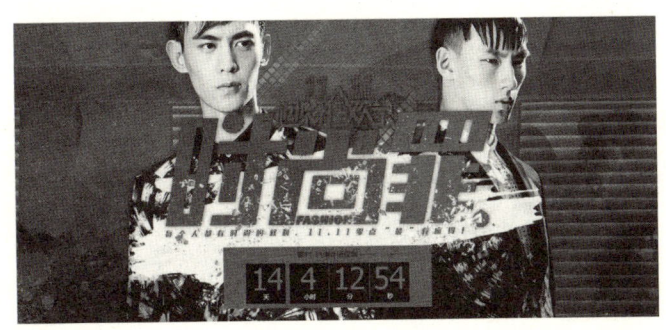

图 2-46 时尚罪海报

第三阶段的店铺活动和话题冲刺,使参与"下雨免单"话题抽奖活动的消费者都得到了一定的回馈,肯定了消费者的积极响应,激发了消费者的参与感,增加了客户黏性。将"下雨就免单"这一话题成功落地。

经过这三个阶段的风格化宣传,gxgjeans品牌知名度和影响力迅速提升。新媒体的推广活动打破了地域之间的局限,粉丝也更加多样化,且在对"双十一下雨就免单"的期待中对品牌有了一个持续的关注。截至2014年11月17日22:00，"双十一下雨就免单"活动的KPI统计数据如下：微博关注度及讨论量为3440.4万和1.3万；视频的浏览量，优酷16.8万，腾讯4.4万；微信电商报单篇浏览量2.4万。活跃粉丝数的比例上升，官微的粉丝黏性增加，互动热烈。粉丝自发转发和评论相关微博，电商行业相关微博如电商观察网、电商报、上海广告媒体圈等也都主动转发，相关微博的转发量达到1000条。店铺PV、UV和销售额间接增加，活动期间店铺数据统计为：11月1日至11月10日加入购物车抽取"双十一下雨就免单"名额，活动参与量达到12万；10月31日至11月1日，活动第一天，购物车数据大增，高达4倍之多；11月11日当天，天猫店总销售额4348万，总浏览量892万，转化率高达8.3%。

要抓住消费者的好奇心并保持品牌的调性不改变，并不是一件容易的事情。gxgjeans此次试水事件营销并引起不错的反响，在多体系下的平台形成联动效果，粉丝的活跃度有效提升，使双十一前期推广的其他活动有效开展，从而在双十一之前打响男装品牌营销的第一枪。此次营销成功地达到了预期目的：在微博、微信等社交媒体上引起粉丝热烈参与和互动，引发行业内相关杂志的竞相报道，制造了品牌曝光，增强了品牌影响力，提高了品牌知名度，并借此加深了消费者对品牌的印象；增强了目标人群的品牌好感度和美誉度，影响他们之后的购买倾向，从而潜移默化地促进了双十一期间的销量；曝光已上市的秋冬款，为前期的市场推广活动做了铺垫。"双十一下雨就免单"吸引了消费者的瞩目，将创意视频与事件营销有效融合，达到了更优的推广效果。

别具一格的品牌凭借独出心裁的话题，辅以别具匠心的营销手段，让传播风格化、具象化，实现了传播范围在"量"的层面上的覆盖和传播效应在"质"的层面上的深化。

有风格，传播更从容。

有风格之夯实客服

一切以客户为中心，精心服务，为顾客提供极致化的体验，也是风格。

互联网思维的核心是用户思维，gxgjeans坚持顾客第一的服务理念，并在客户服务中形成了一套细腻、严谨的服务模式。在gxgjeans做双十一营销活动的第一年，由于缺乏经验，天猫系统从一点钟到五点钟持续崩溃，当时的很多买家只拍到没有尺码的衣服，还有些买家只能原价下单，这给客服工作提出了挑战，但最终那一场系统故障被客服团队的耐心和坚持克服了。之后的gxgjeans在客服工作上开始了细作精耕。

在日程运营中，公司设有专门的电话沟通岗位，与客户保持良好互动。双十一之前，gxgjeans客户服务团队会整理出顾客的电话号码、详细地址，根据顾客的具体信息在不同的时段给顾客们拨打电话，详细地告诉顾客双十一的活动情况和优惠信息，效果表明这些电话通知的投资回报率很可观。电商营销中心将日常客服团队人数控制在10人左右，但是双十一前后，gxgjeans会集合300-400人做客服。在双十一前很长的一段时间里，公司会选出最优秀的员工做培训，例如2014年的双十一，gxgjeans在9月份便开始了对客服人员的专业化训练。双十一之前的一两周，公司也会给参加培训的客服人员提供实践的机会。双十一的销售额占到公司全年销售额的30%以上，其重要性不言而喻。所以只有经过严格的培训和操练，才能让客服人员从容应对紧急情况，为顾客提供高效周到的服务。

电子商务的便捷性和实效性，取代了实体店繁冗的面对面服务，但这也对店铺与消费者的沟通和服务提出了更高的要求。互联网时代的用户思维是情感思维。以往的用户思维主要针对用户的功能诉求，但是在如今的移动互联网时代，早已告别了物质的匮乏，产品进入了同质化时期，竞争的白炽化为品牌服务客户提出了更高的要求，如何将客服做精做细，是永远面对电商们的话题。

通过专业客服来打动顾客，未雨绸缪，精耕细作，因为更周到，所以成风格。gxgjeans走出了风格，打破了常规，让品牌实现了二次传播和三次传播，将营销和促销有机结合，多方位地推广"双十一下雨就免单"活动，成为此次双十一电商营销男装行业的翘楚。

有风格，才有传播，这是gxgjeans社会化营销项目的又一突破。

气味·计
——气味图书馆之众筹北京气味

洗衣房、泥土、蚯蚓、暴风雨这些抽象的东西是什么气味?这些奇怪的气味真的能闻到吗?在哪里能买到这些味道?要是懒得出门能在万能的淘宝上买到吗?

这些问题的答案都是:"Yes!"而实现这些理想的就是"气味图书馆"——一个强调以"串联香味与记忆的范式来调制香水"的有格调有个性的店。在2014年的金麦奖中,气味图书馆凭借着"众筹北京气味"获得了彩妆护肤类的最佳社会化营销案例金奖。山人自有妙计,隐者暗得玄机,且看气味图书馆如何玩转香水。

图 2-47 气味图书馆之三里屯专卖店外观

新玩法之反客为主

三十六计中的"反客为主",时兴的说法就是:要实现"互联网思维",可以用"众筹"这个方式。但气味图书馆的做法不同于一般的众筹,它不筹集钱而是筹集想法。气味图书馆的宗旨是"做出年轻人喜欢的香水",所以一直尝试着以各种年轻人喜欢的方式去颠覆传统的香水行业。传统的香水做法往往是调香师调配出香水的味道,品牌商直接生产、包装,然后放到店里直接售卖。基本上是品牌方强行地把对香水的理解加到消费者身上。而气味图书馆本着自己独特的宗旨让消费者参与,一起研发出属于自己的特殊的味道,于是在2014年9月发起了一个"众筹北京气味"的活动。

图2-48 "北京的味道"体验产品

气味图书馆和众筹平台追梦网合作。基于用户人群的同质性,双方一拍即合,想出了新的众筹模式,即让大家参与到北京味道的研发中来。

第一步:通过追梦平台和SNS以及自己原有用户,收集对于北京味道的印象。

第二步:调香师根据消费者的意见调配出5个北京味道,气味图书馆生产出1000套5只装套装。

第三步:通过追梦网来众筹北京味道,免费将1000套产品发给消费者,消费者试用之后投票选出他们心中的北京味道。

第四步:根据投票结果,选出最高投票的北京味道量产香水。

整个活动过程为:

2014年10月20日,气味图书馆在追梦网的众筹活动正式启动。当日,众筹第一档便支持完毕,同时也发起了轻松筹的各种策划活动,让更多的人能够更加简单地参与到活动中来。

2014年10月20日至11月14日，整个项目持续了25天的时间。这期间，很多人说出了自己和北京的故事，也有一些时尚媒体、杂志参与了活动。"众筹北京气味"被推荐为了豆瓣活动首页，瑞丽、费加罗、乐蜂网、Horzon、众筹那些事、壹读等也参与了活动，随后气味图书馆陆续将1000套试用产品寄给支持的用户。这期间，收到了很多的反馈和互动。

投票结果截至11月17日，但投票持续至11月21日。最后偏木质、木香调的四号香水（4号——历史中的北京印象：北京城里的宏伟建筑，悠长而厚重，他们一直在这片土地上）被票选为北京气味。

图 2-49 发起众筹话题

图 2-50 受众反馈图

对气味图书馆而言，选择北京这个城市作为众筹的起点，首先是因为，北京是中国的首都，大多数人对它都有着不同的情怀。也许你是成长在这里的老北京，也许你曾经匆匆来过这里，也许你是正在这里奋斗的北漂一族，也许你已经离开了这里。总之，大多数人都会对它有自己既定的印象。另外，气味图书馆的第一家店就是在北京的三里屯成立，对于气味图书馆来说，北京也是起点。除了北京气味，接下来会出现的新品冰川、莲花、水晶等产品，都会以赠送的方式先让更多的人感受到它们，然后再根据大家的反馈意见进行适当的调整，最终以它们最完美的姿态开始售卖。最完美的香水，褪去了高姿态，将其最真实的气味展现给大家。这样的众筹模式在气味图书馆看来是C2B2C模式的实践，也是真正实现反客为主的香水新玩法。

图 2-51 城市系列香水

新玩法之声东击西

气味图书馆成立5年了，在之前的5年里，所有的营销和宣传都仅为线下实体店引流，用户也都为线下用户。这种完全依靠嗅觉来感受、依赖于用户体验的香水如何在电商领域有立足之地？关于气味图书馆是如何想到要在线上开始卖香水的，气味图书馆的合伙人之一叶超这样解释道："最近一两年，用户的习惯都在改变，原来只有一二线城市的人来买香水，或者一二线城市的人买了大牌香水但觉得不够特别，没有自己喜欢的味道，所以会找到我们小众品牌。但我们慢慢发现三线、四线城市的人也有需求，可是碍于我们大部分都是直营实体店，他们没有购买渠道。而此时的淘宝大热，所以我们也必须拥抱互联网。"就是这样，气味图书馆开始上线了。

既然要开始做线上就要了解线上消费者的行为习惯。由于线上线下的逻辑完全不同，气味图书馆专门重新开发了适合线上的产品，最典型的就是九只装和礼盒装。为了加快线上的销售，气味图书馆有这样两个策略：1.线上的产品在价格方面要给用户很低的尝试门槛，用户先尝试体验过后再回来购买大毫升的香水产品，而且数据表明这样的回买率在10%-15%之间，算是很高的比例；2.在线下购买会有线上的体验券，在购买的礼盒内会有优惠券引导人们线上再次消费。

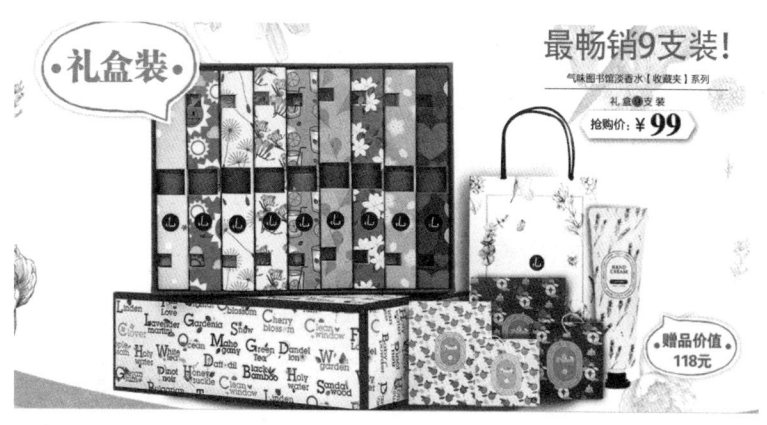

图 2-52 线上销售产品礼盒

值得一提的是气味图书馆主要有9个系列的产品，主流热销的为其中的15%-20%的产品。由于线下会有体验，所以比较畅销的还是那些好闻的香水，但在线上的热销产品就很有意思——可能是因为香水名字，比如僵尸男女、樱花、东京等等。在2014年的双十一，气味图书馆取得了很好的销量，平时的气味图书馆一天有300-400单，一个月淘宝销售60万-100万，而在双十一卖了几乎一个月的量。这说明气味图书馆是很适合做O2O模式的,但不可否认气味图书馆在线上的销售还是弱于线下,所以气味图书馆还需要结合线下体验或是利用节假日的宣传继续"声东击西"。

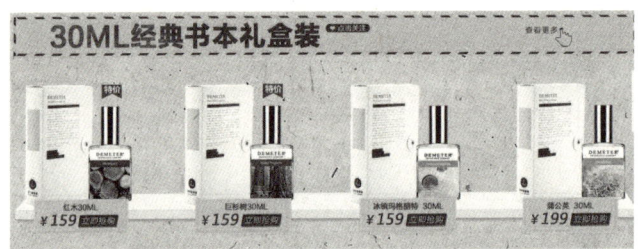

图 2-53 经典书本礼盒装

图 2-54 花觉系列香水

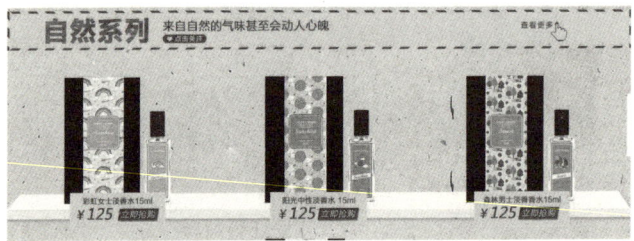

图 2-55 自然系列香水

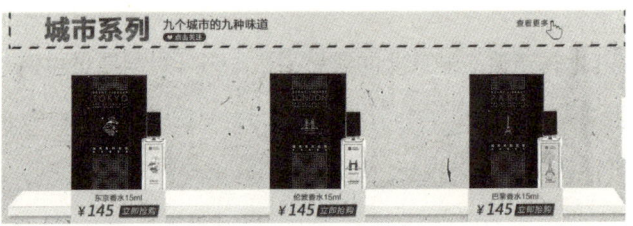

图 2-56 城市系列香水

新玩法之树上开花

气味图书馆是DEMETER香水在中国内地的总代理。DEMETER香水是美国纽约的品牌，创立人是美国的两个大男生，他们拥有一座收集了800多种香味的香水图书馆，立志要以"串连香味与记忆"的方式来调制香水。两人的创作灵感来自生活，希望帮助别人找回遗忘的嗅觉记忆。现在的气味图书馆有一个新的logo，气味图书馆在处理代理品牌和自有品牌之间有自己的规划。"我们在2015年会分成两条线来做，一个偏高端的（国外代理品牌），还有一个就是自主品牌，在线上也会主推自己的产品。价格方面也比较亲民，一般15ml在125-155元之间，马上要推出的50ml在285-325元之间。我们今年会剥离出来，一个做渠道一个做产品。"叶超说道。

图 2-57 气味图书馆 logo

在过去的一个世纪里，香水行业一直遵循着一个简单的逻辑：区分市场，男女有别。香水一直被用来强化性别：女人选择果香或花香，男人则选择有香根草、烟草等气味的产品。但正是由于传统香水行业已经饱和，所以像DEMETER这样与众不同地收集气味的香水才会大有市场。气味图书馆也正是抢占了先机，在经过了"众筹北京气味"这样的一个活动后，气味图书馆接下来的活动也值得期待，叶超说："我们现在正在研发调香套盒，把一个香水的前调、中调和后调分离出来，然后由用户自己去调配，这个雏形我们在店里已经做了，客户反响也很好，但我们不想把它局限在线下，想要在互联网上玩起来。"但对于需要体验感的香水而言，这个活动该如何更好地拿到线上来玩是一个很大的问题，现在气味图书馆的初步想法是把套装寄出去，然后用户自己调配出属于自己的味道，再为这款香水命名，最后在官网上推出轮盘的活动。这样一个想法就类似于"人人都是调香师"。从颇具创意的"集气味的香水"到"众筹完成的北京气味"再到即将实现的"人人都是调香师",每一步都是气味图书馆所开出的独有的"花"。

新玩法之抛砖引玉

能任性地做自己喜欢的工作是件很幸福的事,能出售回忆和梦想又是件很诗意的工作。2008年当娄楠石和两个创业伙伴还只是普通的留学生,在新西兰研习艺术、电影,从事建筑设计时,志同道合让三人结成了归国创业团队,也由此开启了创业之路。叶超说,整个过程有很多困难,很多时候会想要放弃,比如现金、人员管理、财务等都是问题,但他们也都会互相打气,所以并没有放弃。

成立于2009年的气味图书馆,经过5年时间的发展,在全国拥有了30家气味体验店和线上气味商店,形成了线下体验、线上销售的体验式香水销售模式。对于自己品牌最大的优势,叶超说:"我们最大的优势是我们有很多很多的味道,而且很多的味道来自于生活,会引起大家的共鸣,所以我们要做你专属的香水,我们的气味库有800多种气味。"气味图书馆正在扩建自己的电商团队,叶超认为基于自己拥有的气味库甚至可以做一个气味搜索引擎,可以针对不同的人群推出不同的产品。比如,南方人可能会喜欢花的味道多一些,而北方人则可能喜欢木的味道多一些,诸如此类。当然气味图书馆已经不仅仅局限于卖香水而已,还有香薰和护肤等各类副产品。在2010年的时候,气味图书馆和奥迪合作过,接下来气味图书馆还会与万达、如家跨界合作。气味图书馆的发展空间还很大,还有很多的事情可以做。

图 2-58 气味图书馆之三里屯专卖店内景

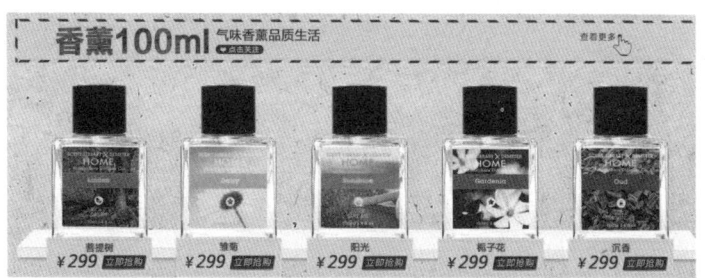

图 2-59 香薰系列

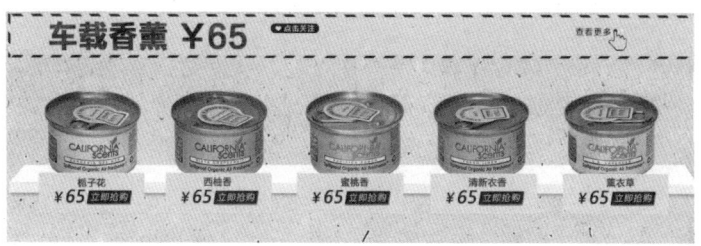

图 2-60 车载香薰系列

随着品牌的成长,气味图书馆的核心用户也在发生变化,由之前的80后到现在以90后特别是95后为主,已经成为气味图书馆最核心的定位用户。确实,对于80后而言，用香习惯已经趋于成熟和固定，但90后、95后就会有很多的尝试，若是感觉好玩就会选择这个品牌，主张个性的90、95后的标准，就是"我喜欢"。所以气味图书馆的官网也在不断建设中，实体店的店铺风格也都在调整，整体会变得更加活泼。而且除了现有的产品，气味图书馆还会考虑尝试更多别的味道，比如蛋糕、摄影（闪回等）系列，爱的系列（热恋、情书等）的味道，节奏一般控制在2-3个月推一个系列，一个系列有7-9瓶。气味图书馆正在尝试做有更多中国人情感的味道。

气味是和记忆密切相连的，会激发人的回忆，气味图书馆以后是否会在宣传上更多地以气味做文章？叶超告诉我们："其实原有的品牌slogan为'气味化生活'，但很多人不知道是什么意思，我们也认为我们的产品宣传最好与记忆产生关联，但这很难，前期我们还是会主打气味和香水，现在所有产品占比分别为6:2:2，即60%为香水售卖，但随着品牌的提升，我们会渐渐趋向于气味与记忆的关联，这得等品牌成熟。而近三年我们的目标是做国产香水第一名。"

气味图书馆这样一个集众多气味且能承载回忆的地方，会让很多人爱上它，当你走进气味图书馆，拿起一个瓶子、打开瓶盖、凑近鼻尖的那一瞬间，会不由自主地惊叹："啊，就是这个气味！"

我们期待气味图书馆能够带着"计法"继续任性前行，即使有一天全世界被污染，很多东西都没有了原来的味道，但我们还能在气味图书馆找到它们，让它们带我们回忆从前，回到过去，找到属于自己的气味。

"陪伴"是一种功夫
——"三只松鼠"案例

一句"陪你过",让它首度成为单日营销破亿的互联网食品品牌;一次"陪伴",让它在双十一掀起了一场举国狂欢。一度"陪伴",数载耕耘,它是心与心的维护,是一种文化,是无聊时的不离不弃,是一种深入内心的洞察,是"功夫松鼠"。

图 2-61 三只松鼠双十一宣传海报

功夫是从心灵开始的维护

"这个双十一,松鼠陪你过",表面上,这是一个口号,事实上,它所承载的意义远远超越了口号。

三只松鼠获得金麦奖食品饮料类金奖,是对"陪伴"这一创意点的肯定,但"双十一,松鼠陪你过"仅是一个爆发点,冰山一角的背后,是"松鼠们"从三年前开始的一场对心灵的维护,是一次整体的大爆发。

坚果不同于其他生活必需品,它是可有可无的。坚果产品本身的特性和定位决定了它要在激烈的食品竞争中追本溯源、做足功夫。

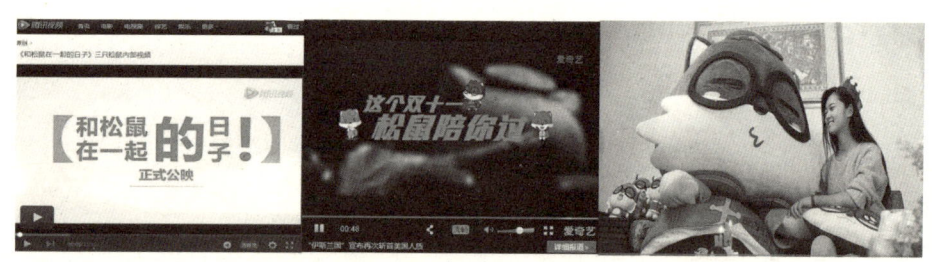

❖ SNS发布"和松鼠在一起的日子"视频 · 松鼠玩转全攻略
❖ 参与天猫2014双十一喵喵舞　　　临近双11的最后一周
❖ SNS发布"松鼠陪你过"系列视频　　页面和SNS开始购物攻略的宣传

图 2-62　微电影宣传

营销不是停留在一个点上的事情,而是阶段性、持续性的工作。"三只松鼠"在2012年的时候就提出了一个概念:让企业和消费者更近。就实体经济而言,人与人是看得见的,但是在电子商务中,人与人、人与商品都是看不见的,必须通过网络的连接。因此,"三只松鼠"认为在互联网平台,要做到更近,必须从心灵开始维护。对于消费者来说,他们最终要的是产品,品牌只是承担桥梁的的作用。所以商家要在营销的过程中说服消费者购买产品。过去传播条件不成熟,尤其在媒体尚未发达以前,品牌的营销力主要通过口碑传播来建立,因此那时的销售也主要依赖于口碑。传统媒体出现以后,品牌可以通过广播、电视等形式传播,这种传播实现了一对多,使品牌的覆盖面更为广泛,但是仍然是一种单向的传播,品牌以灌输的方式来说服消费者,是生硬的。在互联网平台,品牌承担的是代言人的角色,通过品牌代言来说服用户,品牌自己会发出声音。基于互联网平台的互动性,消费者的主导性和能动性增强,因此,原先灌输式的传播方式会令消费者反感。好的品牌必须是活生生、人格化的形象。"三只松鼠"成功地解读了互联网时代消费者的品牌接受心理,放弃了形象代言人这种固定化、局限化、易老化的方式,用三只活泼可爱的松鼠形象取而代之。

图2-63 三只松鼠形象

"三只松鼠"认为,与以往通过超市的渠道卖出商品的模式不同,现在他们采用互联网直销的模式,因此要在互联网上创造更多活生生的品牌接触点。"三只松鼠"就是一个具有性格的、活生生的接触点,他们的行为可以让品牌活起来,进而增加用户黏性。"三只松鼠"带来的形象感,弱化了网购不能面对面沟通的局限,给消费者以品牌的关联,给品牌以传播的形象。

此外,"三只松鼠"的员工都以"鼠"姓来命名他们的工作名字,客服在与消费者沟通的时候,都称消费者为"主人","松鼠"的形象在这里被人格化,提高了消费者对品牌的认知度。逐渐地,"三只松鼠"这一品牌在消费者心中形成印像,并让消费者从中产生自己的想象。"松鼠们"喊客户为主人,刚开始消费者可能会感到肉麻,但是在消费者习惯了这种称呼后,会产生对品牌的想象,觉得好像有一只真实的松鼠在与自己对话。

把公司一切形象都松鼠化,让"松鼠"与"主人"互动玩耍,让"松鼠"来陪伴"主人"的悠闲时光，这是一种心与心的维护，是一种功夫。

功夫是"松鼠文化"的自我维系

文化最大的力量是同化，将一个人或者一群人同化成一类人，同化的最高境界是获得自我的约束和加持，比如文化做得最好的组织就是军队和宗教。从壳壳果老爹，到松鼠老爹，本质上是传统营销的升级换代，是一个真正的互联网品牌的崛起，而这背后的功夫离不开对"鼠文化"的诠释和打造。

在各种民俗的演绎中，老鼠的形象一直都是躲、偷吃、捣蛋等，人们恨老鼠，所以有"老鼠过街，人人喊打"和"一颗老鼠屎坏了一锅汤"这样的谚语，但是松鼠却截然相反，有迪斯尼动画《鼠来宝》中的呆萌花栗鼠，也有《冰河世纪》中搞怪倒霉的小松鼠，同样是鼠，松鼠在人们的心中却是机灵、活泼、热爱坚果的象征。从创业之初，老爹就强调，三只松鼠的员工玩的就是角色扮演，所以每名员工入职，就会有一个自己的鼠名，比如"鼠亮亮""鼠草莓"，他们化身小松鼠，顾客就是主人，他们努力贴心地为顾客服务，讨主人的欢心，主人才会喜欢他们。这就做到了初步的"同化"。

文化的力量，对于外部而言是影响力，对内部来说则能加强凝聚力。公司的发展壮大，必须建立在员工对公司文化认同的基础上，在一个年轻人的企业，如何激发员工的斗志和凝聚力，是老爹一直关注的问题。他认为，公司的愿景是成为一个透明、简单、信任的公司，所以从内部人员管理上，就应该让这三个理念渗透到所有层面。比如松鼠公司的制度透明，它并没有传统企业生硬的绩效考核，而是每个季度召开一次员工民主共创会，部门员工坐在一起，通过对本季度工作职责和成果的分享，核定员工的绩效，由上级、同事和下级共同决定一个员工的考核成绩。松鼠公司里采用"大企业，小团队"的管理方式，突破层级管理，减少信息层级沟通带来的迟滞和障碍，一个总监可以同时带领4-5个团队，简单直接的交流方式大大提高了这群松鼠的工作效率。在公司的洗手间里，设有厕所信箱，信箱是"松鼠员工们"向松鼠老爹反馈意见和投诉的直接渠道，这种布置安排是建立在老爹对员工心理的深度把握的基础上的，为了保护"松鼠员工们"的隐私，老爹将意见反馈的地方安置在洗手间，为"小松鼠们"创设了畅所欲言的安全场景。作为一家创业型企业，高速发展带来的压力是无可避免的，为了让员工在高速高绩效的环境中劳逸结合，有效放松自己，公司里设置了游戏机、KTV、桌球，甚至一个连接三四楼的巨大滑滑梯，这让许多第一次到松鼠的人惊呼不可思议。"松子"是松鼠企业的通用货币，你可以用它来小卖部购买小吃，用它来兑换游戏机。但如何获得松子呢？员工可以通过内网发帖、参与企业文化活动等来获得。这增强了他们对企业文化的主同感，久而久之，公司便形成了一种以"松鼠"为核心的文化认知，大家围绕着这个文化凝聚起来。

"三只松鼠"成立三年以来，规模迅速壮大，销售业绩屡破纪录的背后，离不开管理的相辅相成。老爹认为，在员工的管理上，传统企业老板最期望的是能够绑住手下的员工。而在互联网平台上，员工的流动性更大，员工面临的选择和机会增多，要想继续通过"绑"的方式来留住员工是不现实的。老爹主张放开员工，并不拒绝员工创业，在员工的管理上，也形成了一套成型的体系：一方面，教育员工，用文化来凝聚员工；另一方面，通过一些更接地气的奖励措施来留住员工，比如给创始人和公司高层奖励汽车，三年之内，车辆的产权属于公司，这样的激励让"松鼠们"懂得感恩，并在工作中更加兢兢业业。老爹认为，对于20多岁的年轻人，是很难给他们灌输使命感的，年轻人最浮躁的阶段就是工作前三年，既然限制不了员工，就要放开他们，但也要用文化的方法来凝聚他们，最终完成"松鼠文化"的自我提升和存在感的实现。如今的松鼠公司，已经拥有一支1700多人的队伍，这些

"小松鼠"在老爹的带领下，一路披荆斩棘，成为互联网食品类电商的先头军，"松鼠们"用自身的实力证明了"松鼠文化"的强大，这是一种功夫。

功夫是在无聊时光中的不离不弃

"三只松鼠"为什么要来陪伴我？在什么时候陪伴我？"三只松鼠"的陪伴，能为我带来什么？这背后，有着更深层的解读，是切入到无聊经济形态的一种功夫。

松鼠为消费者带来了快乐，但是这种快乐是表层的，背后深层的东西是无聊。人们在工作紧张的时候不会想到"三只松鼠"，人们在饭后饱腹的时候不会想到坚果，但是老祖宗并没有将坚果淘汰，坚果随着文化的发展而沉淀、保留下来，坚果市场生机勃勃的根源，是因为它切入了一种经济形态：无聊经济。

打发时间，是人类的一个永恒课题。生活的本质是从无聊到无聊，人类最难打发的是时间。对应着无聊时光的经济形态便是无聊经济。作为互联网坚果营销的巨头，"三只松鼠"的成功，正得益于它成功地切入到了这种无聊经济中。主打"陪伴"的口号，用心灵与主人交流。鼠老爹认为，人们在PC端的购买行为是有目的性的，但是在移动端，人们的购买行为就不仅仅是出于需要，很多时候是随意的、场景化的。移动端的场景化营销，更多地切入到了碎片化的、分散化的生活形态中，而这些移动化的场景营销，很多也是由无聊时光产生的。"三只松鼠"针对消费者下单的时间和空间做出深度解读，在关键的消费时段发力，将无聊时光作为沟通点，这是符合移动端的场景化需求的。

人们基本的生活形态没有变，所以"松鼠们"致力于移动端的场景化营销，解构人们基本的生活节点，解读人们基本的生活法则，在某些无聊时间、无聊空间中切入，让无聊胜有聊，这是一种功夫。

功夫是品牌最先在场的价值效应

品牌是什么？创立品牌难不难？品牌传播如何化难为易？

品牌是最先在场的价值选择。提起运动鞋，人们会自然地想到耐克；提起汽车，人们会想到奔驰；提起手机，人们会想到苹果。这种最先在场的效应，就是品牌的价值。针对一种品类，人们最多能记住的品牌也就六七个，因此，品牌能够最先在场，就是竞争力，是一种价值。互联网的高度连接性、互动性、便捷性和时效性，使互联网时代的品牌传播更讲究在场。互联网改变了品牌生态链和传播方式，使传统品牌得以突破渠道的阻拦，在更大范围的时空中快速传播，这也加剧了品牌之间的竞争。移动互联网的碎片化和精准化，再度增加了品牌传播的难度。

品牌传播说难也难，说不难也不难。难点在于前期定位很难，定位精准与否，关系到以后对品牌的解读和战略定位，关系到长远的产品研发和营销策略。因此，从战略意义上讲，品牌是一件高难度的大事。但是，当品牌定位明确后，之后的运营便可自始至终保持如一，即使起初的描述不完美，只要能够将品牌坚持下来，始终不离题就无关紧要了。因此，从具体操作意义上讲，品牌是容易的。三只松鼠已经3岁多了，松鼠们的茁壮成长足以证明其品牌定位是正确的。

首先，松鼠吃坚果，这使品牌和食品之间建立了自然的连接关系，品牌与形象之间的关联，方便了消费者的认知和认同。

其次，"三只松鼠"根植于人们内心深处的"鼠心态"，是一场松鼠与主人之间的深层对话，同时这也为公司内部营造"鼠文化"、强化凝聚力、主打"陪伴"概念提供了可能。然后，用松鼠这一动物形象来代表品牌，赋予品牌生命，让品牌可以灵活、风格化地诠释松鼠形象，让品牌"活"，较之明星代言，避免了形象的固定化，也减少了由名人自身的事件而引发的舆论波动。

再次，"三只松鼠"的数字定位也是合乎记忆规律的。中国人以三为大，诸如

"三个女人一台戏"、"三个和尚"这些提法早已耳熟能详。"三"是一个比较好传播的数字，人们记忆三只松鼠的名字是容易的，而好的品牌很关键的一点就是让消费者易于记忆。

这些优势让"三只松鼠"的品牌得以快速传播，获得了最先在场的价值，成功的品牌定位对品牌的长期发展而言是事半功倍的，而这种定位是一种功夫。松鼠成长到3岁多，形象基本没有改变，之后的宣传和营销活动都是围绕最初的品牌定位展开的，快消品对品牌的依赖性比服装对品牌的依赖性要大，人们消费快消品，更多的是依赖对品牌的感性认知。"三只松鼠"的成功，很大程度上取决于品牌的成功，让品牌在传播中化难为易，取得了最先在场的价值。

"三只松鼠"作为一家扎根于互联网的品牌，适应了网络环境本身的娱乐化、互动性，通过为用户提供极致体验的方式来创建品牌的口碑传播，进而形成新的传播链，提升了品牌的影响力。

一句"陪你过"，喊住了人，留住了情感，刺激了营销，扩展了传播。这是一种最先在场的品牌价值效应，是一种功夫。

功夫是对消费者心理图谱的深度解读

离开了对消费者心理图谱的深层解读，一切营销都是徒劳的。

"三只松鼠"要寻找的是一群年轻化、情感丰富、乐于分享、了解并依赖互联网社交平台的主人。结合主人们的特性和三只松鼠"超萌"的松鼠文化，"松鼠们"在2014年双十一的营销策划中，通过在SNS平台上展示品牌与忠实主人的强关系，去感染并带动新主人和潜在主人，塑造了场景化营销新生态，打造了极致的用户体验。"松鼠们"发放20万个表情口罩，获得了主人们的热烈响应，口罩的分享率超乎期待。主人可以用口罩遮住脸，然后进一步将表情口罩分享出来，产生了互动和分销，最后在粉丝用户中引爆了一场"卖萌热"。"卖萌"背后，是对消费者心理的深度挖掘和把握，消费者需要通过个性化的需求来标榜自己，而不同的"萌"表情就是人们自我表现的途径。

图2-64 松鼠表情口罩买家秀

鼠老爹介绍，接下来"松鼠们"将致力于为用户打造极致的体验，转变松鼠玩法。具体包括，玩法第一变：功能不重要，你做了什么也不重要，重要的是用户体验了什么，让产品、服务、营销活动超出用户的预期，让用户为功能之外的价值买单。玩法第二变：没有客户，只有用户，互联网企业天生就是玩用户的，以用户为中心，落实清晰的流程管理，学会社群运营，使"有趣"与"好玩"成为互联网营销的核心。玩法第三变：忘记营销，这是一个传播的时代，在细节上，做到超出用户预期，用趣味来打动用户，调动用户参与，品牌唯有付出才有情感。鼠老爹认为，未来的三年，"松鼠们"不仅要在管理上深化，还要在品牌上深化，更要在与消费者的情感连接线上深化。要真正成为品牌的时间还很长，这离不开对消费心理图谱的深刻洞察和深层解读，如何寻找故事，巧妙地解读消费者的隐私、欲望与需求，松鼠已经走在路上。

图 2-65 三只松鼠品牌优势梳理

身处于一个毛利率高达35%的行业,"三只松鼠"随时都可以盈利,但是"松鼠们"并没有把目光局限于赚钱,而是扎根于用户、服务用户、解读用户,这是一种功夫。

图 2-66 三只松鼠产品图

三年以来,三只呆萌、可爱的松鼠成长为引领坚果电商行业的"功夫松鼠"。从对心灵的维护到对心灵的解读,从"鼠文化"的自我维系到对"主人"的不离不弃,从品牌的在场效应到极致的互联网思维……这些是对"功夫松鼠"的见证。

功夫,让"陪伴"成为可能。

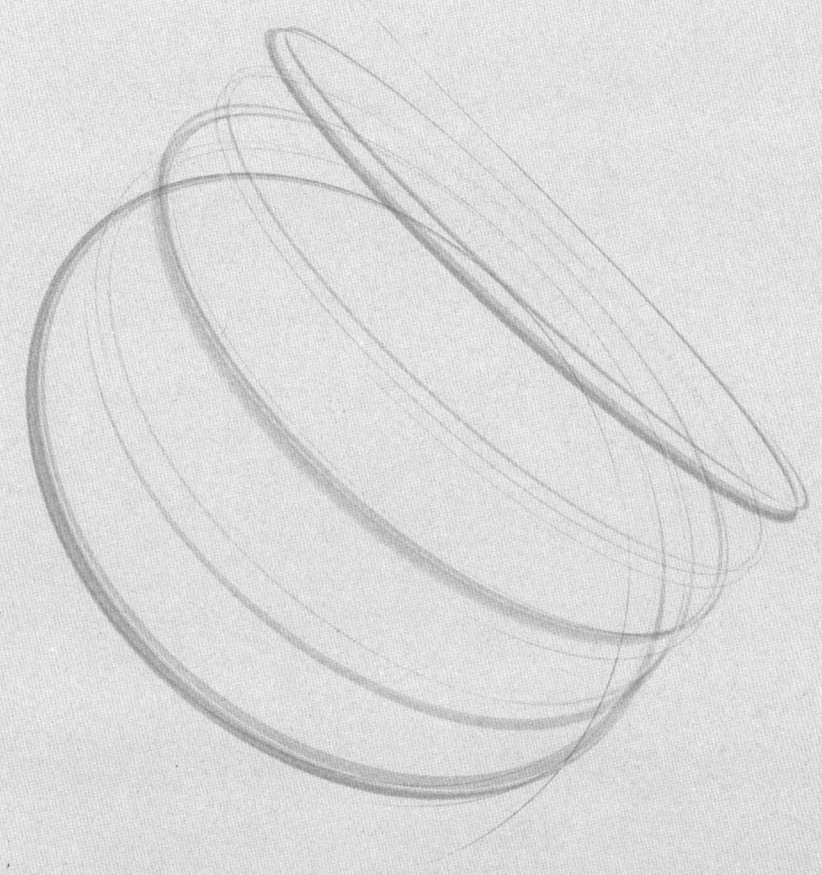

PART THREE

/ 下篇 /
未来电商营销新趋势

转型，才有突破
——互联网时代传统行业、企业的转型

互联网营销正在以脱缰野马之势迅速地席卷全球各大品牌，这不仅是一个潮流或概念，而是一种做生意的方法。

互联网营销形成了全新的经济体系。纵观中国乃至全球经济，可以看到这个新体系正在颠覆很多行业，改变传统做生意的方法。之所以如此，一个重要的原因是这个新体系在用一种新方法来解决消费者的痛处，拓宽与消费者沟通的广度，由此创造出新的价值。新的技术带来新的商务模式，新的商务模式帮助线下的实体店创造出许多新的商业行为。互联网营销会帮助传统行业创造不一样的商务模式和体验。在互联网营销超速发展的背景下，传统产业面临着巨大的压力和挑战，在大势的驱动下，变革是不可避免的。面对移动互联网时代的变革，能够大胆调整，积极拥抱变革的，将成为从传统行业走出来的"升级"者；而墨守成规、保守固化的将被新兴行业"颠覆"。

变革是"互联网+"的趋势

在电商时代,行业内部和行业之间打破了固有的联系规则,传统的营销思维已经远远不能应对互联网营销的需要,如果今天的品牌或者代理商对于新的营销思维没有深刻的了解,就会错失很多机会。传统企业主如果缺乏理智的思考和快速的决断,就会在这场转型的潮流中陷入被动。

对于一家有社会责任感的企业而言,成功的转型不仅是创造了多少利润,还包括使用户的生活变得更加便捷和幸福,并帮助企业适应新的商业形态。

互联网营销的核心是"用户思维"。很多传统企业在转型的过程中,过于注重"堆砌"功能,但是功能并不意味着消费者的真正需求。在以往的营销中,厂家会认为营销活动的终极目的只是将产品销售出去,这是卖产品的思维模式,而对于互联网营销,产品卖出去只是第一步,关键在于之后与用户的有效沟通,搭建服务闭环和维系用户的黏性。真正重要的,是产品要给消费者带来实际的价值,而不仅是单凭一个"概念"来吸引消费者。未来的竞争不是传统意义上的产品的竞争,而是用户之争。传统企业转型,一定要回归到用户的本质需求上去,而不是创造出各种炫酷的概念或者叠加花样的功能,要把握住消费者的核心痛点,并且把这一点做到极致,才能在转型的竞争中不被超越。那些真正能够颠覆其他人的品牌和代理商,会用一种最简单、最有创意、最方便人体验的方法解决别人的痛处。因此,即使是传统的行业,如果能够创造出解决消费者痛处的新方法,也能够成为新的产业。

就营销而言,以往的电商企业主要利用门户、视频、微博等方式,集中在线上;但是随着互联网跟传统企业融合的加速,未来互联网营销,一定是线上线下同步的竞争,同时,考虑到线下市场的规模比线上要大几百倍,线下的能力在某种程度上决定了线上的高度。如何利用互联网时代的用户思维让线下的销售能力变成一种优势,而不是包袱,这是传统企业要努力思考的。当然,传统企业在互联网转型的过程中,也有自己的竞争优势，比如多年形成的品牌和口碑、遍布全国的销售渠道、稳定的合作关系，以及能够让消费者直接体验的环境，这些都比单纯的线上销售更有竞争力。

结合当前的电商营销趋势和传统企业的自身竞争力，传统企业向互联网营销转型，是大势所趋，运用电商营销的思维，发挥传统行业的竞争优势，传统企业也将在"互联网+"的时代里，成为未来社会的组织者。

房地产龙头领跑"互联网+"

2014年双十一，房地产这个被认为最不可能踏足电商的行业果断出击，地产行业龙头万科决定借势淘宝双十一，携旗下18个城市、108个楼盘集体参战，成为电商史上首家参战双十一的房地产开发商。

如今电子商务的发展已经非常成熟，线上购物渐渐地塑造了人们的购物习惯。满足人们衣食住行、生活起居的各种消费都可以在互联网上完成，电商逐渐地渗透到了生活的方方面面，为人们带来便利的同时，也重塑了人们的消费思维，互联网营销的系统性和便捷性将人们带入了"互联网+"的时代。万科作为传统房地产业的巨头，自然深谋远虑，为了更好地发挥自身优势，占领先机，跨出线上销售的第一步，是必然之选。

万科希望通过互联网转型，联合新的平台寻找市场的新增长点，向网购消费者传达万科进军电商的决心，培养消费者在淘宝搜万科、看万科、买万科的习惯；借势双十一，尝试打通线上购房流程；通过阿里妈妈，聚合流量，触达消费者；通过淘宝房产，实现在线的购买转化；通过余额宝，最终实现线上房产交易的落地。

转型开头难，万科第一次涉足电子商务，在转变传统行业的营销思维、适应淘宝的经营模式、转变营销角色等方面做了诸多努力。在房源选择、房源价格、房源展示以及旺旺小二服务团队等方面做了许多调整。此外，消费者的接受态度，是此次万科转型面临的最大挑战。由于房地产行业的固有属性——风险高、资金量大，消费者对购房交易的态度是慎重、理智、传统的，因此，尽管电子商务已经取得了长足的发展，万科也在业内享誉盛名，推出的营销活动实惠刺激，但是改变消费者购房的心理顾虑不是一朝一夕就能实现的。万科首次线上售房，并不是单纯地嫁接到电子商务平台上，而是一次战略思维的调整。就像前文所分析的一样，万科在与阿里的合作中将消费者的诉求放在第一位，从支付宝交付定金到做电商直营，真正实现了从线下到线上的华丽转型。

万科此次开展线上转型，既是时代浪潮的推动，又是对消费者痛点的解读和处理，如今的"广州万科购房中心"店铺内，其他17个城市的楼盘已在双十一结束后下架，真正地成为了"广州万科"的线上销售中心。店铺内除了以楼盘销售为主外，还有不定期的酒店产品、针对特定项目的产品券、限时的会所抵用券等在线销售。未来，还会有万科社区营地教育产品、特供的万科纪念品等上架销售。

目前，互联网对房地产行业的渗透度较低，未来的线上房地产也有巨大的市场空间，因此，万科与阿里以及百度的合作，不仅能够加速互联网和房地产业的融合，还能为客户建立起一个具有普适价值的标准，也为传统行业的互联网转型变革提供了样板。

图3-1 万科联手淘宝推出"买房不用等十年"

"电商巨头"与"渔业航母"的强强合作

除了中国房地产大亨的线上转型，中国最大的海产品公司华盛水产公司也决心试水电子商务。

华盛水产公司是一家专注于中国传统海产品捕捞加工的出口企业，拥有中国最大的海上移动干制品海产加工平台，是国家农业产业化重点龙头企业。近年来，海洋生鲜产品的传统销售渠道变窄，市场竞争激烈，海产品公司开始需要通过品牌营销，塑造品牌形象，提升品牌形象与知名度，拉动销售。在这种市场背景下，华盛水产致力于策划多方合作的活动方案，搭建多方位的销售平台，通过多媒体协作加强传播，将线上和线下的营销配合起来。2014年双十一，华盛水产成功转型电子商务，通过现场直播海上捕捞、海上加工、30分钟由原料到成品、线上下单、48小时送到消费者手中等活动，引爆华盛产品的销售，旨在全面培育一个海产品电商类目市场，打造一次中国传统渔业行业和现代电商领域合作新模式，提升聚划算、华盛、农鲜达品牌知名度。

在电商时代，消费者也应该可以通过方便、低价、有良好客户体验的电子商务模式购买到安全、高品质、新鲜的农产品。基于这种理念，华盛水产试图在2014年双十一搭建"海上第一网"，引领海上渔业的线上转型。具体活动包括：在双十一推出11款SKU，每个产品都是下单后由海里捕捞原料加工直供，以此保证海产品的新鲜度，并将捕捞现场用视频时时传送到聚划算、农鲜达官网，实现卖家和消费者、边缘观众的时时互动。配合低价促销，1000份9.9元熟虾皮在30秒内全部售出，多款冷门商品销售量3天过万，创造了史无前例的销售奇迹。此外，华盛水产分别在北京和停靠在东海海面的华盛鱼加2号加工船上同步设置客服中心，双十一期间，首度上线的客服保持了紧张有序的工作状态。整场营销活动得到了中央电视台的全程跟踪报道，到场的媒体达45家，如此高规格的媒体矩阵，使华盛水产"海上第一网"的创建活动得到了更官方、更权威的认可。媒体的参与,增加了营销活动传播的广度。在营销推广中,华盛水产还邀请美食家欧阳应霁对产品背书,互联网精英们将这些话题在媒体上再度炒作,将华盛水产转型活动进行了二次、三次传播,增强了传播的深度。最终,传统认为的互联网最冷门的海产——干制品虾皮与丁香鱼等,3天销售259万,完成率达129%。消费用户成交人数33584人,成交商品数41250件,完成率达112%。且此后每个月的虾皮稳定销售额30万元,月销售订单有5000单左右。华盛水产的成功转型,运用了方便、快捷、优质、低价的互联网模式,以用户为核心,利用新媒体跨时空传播,用现场视频为消费者展示逼真、快速、优质的产品生产过程,将线上和线下有机结合起来,最终实现了销售额和用户量的突破。尽管项目的启动面临许多未知和挑战,但是,此次事件营销仍然培育了一个全新的电商类目市场,打造了一个中国传统渔业行业和现代电商领域合作新模式,全面提升了聚划算、华盛、农鲜达品牌知名度,是传统企业转型的一次成功试举,也是海洋渔业企业的首次大型B2C尝试。

"电商巨头"与"渔业航母"的强强合作,标志着中国海洋渔业正式在互联网电商领域扬帆起航,开启了互联网时代传统海洋渔业的全新发展之路。

图3-2 "海上第一网"创建活动宣传海报

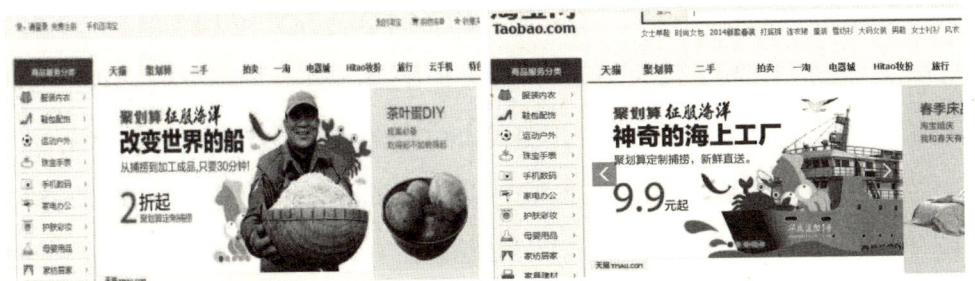

图 3-3 "海上第一网"创建活动淘宝网首页宣传海报

"免滤"九阳深挖用户痛点

九阳从传统制造商向互联网企业转型,开拓电商业务,通过定制的新品打造免滤概念,在宣传九阳品牌的同时,全方位推广,引爆全网关注,拉动九阳整体销量。

免滤豆浆机的概念,深刻把握了消费者的痛点。预约免滤技术旨在解决消费者制浆后需要过滤豆渣的繁琐流程,同时,预约制浆功能还能免除早起制浆困扰,让消费者晚上预约制浆早上睁眼起床就有豆浆喝。九阳作为家电领域的传统实力制造商,具有自主研发和生产能力,鉴于对互联网消费趋势的洞察,决定尝试社会化营销,与社会化媒体暴漫达成合作,创意策划《免滤大师》网络微电影。通过传播《免滤大师》微电影及整个双十一营销的内容,宣传九阳豆浆机独有的免滤技术特征,引爆全网广泛讨论,拉动销量。微电影以"知道你过得不好我也就开心了"、"万事请免滤,其实你还好"为核心创意,深刻洞察了消费者的心理,把"比谁更惨"作为传播点和创意点,传达出一种积极的生活态度和价值追求。在媒体发布上,九阳联合线下媒体1818黄金眼、卖家刊,根据营销节奏发布新闻稿件。此外,九阳双十一社会化营销活动也得到了上海星尚卫视的直播。在社交媒体上,综合利用微博和微信等多种传播手段,通过官微发布双十一《免滤大师》,传播最强预售活动、试用活动、"一小时达"等话题，通过奖品及内容增加用户黏度及传播度。在微信端制作九宫格及免滤大师这两个创意小游戏，进一步引发消费者在微信上的参与及传播。此外，全面借势以《肯打鸡CEO》爆红网络的唐马儒的明星影响力，跨界与社会化媒体暴走漫画合作，制作和传播病毒视频。在协同暴走漫画、微博KOL大号、新闻媒体公关、各大视频网站联手推广的基础上，制作免滤大师形象的九阳七张海报，及双十一人体倒计时海报，进一步抓紧消费者的眼球。九阳通过病毒视频和海报的制作和传播，增加了营销活动传播的深度和广度。之后又通过硬广来正面传播，在百度、搜狗、360、腾讯、新浪、酷狗、优酷、今日头条、ONE、美食天下、好豆和美柚等众多媒体上投放双十一的硬广告，使营销信息在站外获得了最大的曝光量及点击率，进一步拉动了销量。在营销宣传的同时，还打造极致的用户体验，双十一当天九阳五大事业部总经理率领公司高层于凌晨0点至1点，身着免滤大师服装一小时送货，合计送达1111单，让消费者进一步体验当日产品送达的惊喜。

九阳从传统行业成功转型做电子商务，得益于对用户心理和需求的把握。用户不同于传统的消费者和顾客，"用户思维"构成了传统企业借助互联网转型的关键。如果不能深刻理解"用户"的概念，那么传统企业所做的一切努力都将是空中楼阁。传统企业互联网转型真正要卖的是服务，是能够抓住用户核心痛点的服务，九阳提出"免滤"概念，正是切中了消费者使用豆浆机时的核心痛点，让产品更加简单、便捷。行业大V和微信的宣传，使营销活动的传播更加广泛；视频和海报的宣传，增加了传播的深度，经过几个环节的宣传策划，九阳与消费者之间进行了更多的交流和互动。在互联网时代，只有拥有和消费者沟通的权力，消费者才能变成"用户"。

传统企业转型的困难，在很大程度上是因为对传统思维的固守，传统行业的工作者在线下做了几十年，会自然而然地带着他们所谓的对成功的认知。因此，只有真正转换思维，以"用户"为核心，解决用户的核心痛点，再发挥线下积累的传统优势，将线上和线下融合起来，这样的转型才能在互联网时代开启新的发展之路。

图3-4 九阳活动宣传海报

传统转型，新旧融合，为这个时代的营销赋予了更多机遇和挑战，突破传统，升级迭代，一切皆有可能。

以"造节"之名行"购物"之实
——注意力经济背景下电商的造节营销

如今,由于电子商务的蓬勃发展,以及整个网上购物大环境的形成,购物变得随手可得。用马云的比喻来说,电子商务就像一头凶猛的狮子,正在"逐渐吃掉传统商业这只绵羊"。纵观电子商务的惯用营销伎俩,不得不提的就是"造节"。在人们原来的意识形态里,我们只会过传统节日,那些具有民族集体情感、根据气候等约定俗称而来、具有不可替代性的祭祀祈福纪念的节日已经根深蒂固,但身处互联网时代,电商开始了造节营销。其结果就是,你也许不知道重阳节是什么时候,但一定知道光棍节是11月11日。

有节过节,无节造节

由于11月11日是由四个阿拉伯数字"1"构成,形似四根光滑的棍子,因此南京大学"名草无主"寝室的四位学生于1993年将11月11日命名为"光棍节",将其作为单身族的一个另类节日来组织庆祝活动。从此,"光棍节"成为南京高校乃至各地大学里的校园趣味节目。而后,随着成年单身男女群体及其活动的壮大,以及网络媒体的传播,"光棍节"成为社会上的一个"小众文化"现象。

2009年,阿里巴巴掌舵人马云又赋予了这一天新的意义。面临11月没有营销热点的尴尬局面(国庆黄金周已过,而圣诞节未至),利用网络这一覆盖全球且宣传成本低廉的媒体,马云成功借助"光棍节"的由头,将11月11日打造成为"购物狂欢节"。如果追溯"造节"的起源,阿里巴巴不是第一家,但是,阿里巴巴是凭空

"造节"最成功的一家：不仅让这一天产生了巨大的聚合效应，而且阿里巴巴也是自己制造的这个节日的最大受益者。在一年中整个零售业的淡季，因为依附于独特的网络文化体系，发挥了网络突破地域、时间限制的影响力，结合其无可比拟的产品丰富度和促销力度，阿里巴巴掀起了一年中反季节销售的狂潮，也开创了节日营销2.0时代——造节营销时代。

"许多年以前，一个人如果难受，不知如何是好，他也许上教堂，也许闹革命，诸如此类。今天，你如果难受，不知所措，怎么解脱呢？去消费！"这是阿瑟·米勒在《代价》中写到的一段话。造节营销是电商企业在如今注意力稀缺的争夺战中取胜的重要法宝，也是保持用户黏性的利器。在知识爆炸的后信息时代，电商的营销手段已经不再是"酒香不怕巷子深"般的"润物细无声"，而是"先打雷后下雨"，"造节"就是电商营销手段中的一记响雷，将消费者注意力转化为现实购买力。作为中国营销最成功的"造节运动"，自2009年天猫创造了"11·11购物狂欢节"以来，历经5年的演变，如今的双十一，已成为众多传统品牌、互联网品牌、电商平台真正意义上的在线战争。各大电商也随之开始了自己的造节活动，电商部分造节如下表所示：

时间	节日名称
2013年6月18日	京东：618店庆日
2013年10月20日	腾讯电商：1020疯抢节
2013年11月8日	苏宁易购：O2O购物节
2013年11月9日	当当网店庆节
2013年11月11日	京东：双十一快抢
2013年11月11日	天猫商城：双十一购物狂欢节
2013年12月21日	1号店：1221末日狂欢

2014年3月3日	携程网：双3生育节
2014年3月7日	百度糯米团：女生节
2014年3月8日	淘宝3·8生活节
2014年8月1日	聚美优品4.5周年庆
2014年8月3日	国美"男人节"
2014年8月12—14日	苏宁易购"姨妈节"
2014年8月14—16日	唯品会"撒娇节"

有节过节，无节造节，由虚入实的电子商务网站似乎对这种无中生有的手段运用得得心应手。确实也只有网络能在这么短的时间内，让一个不是节日的节日得到如此的追捧。更准确地说，它是借助社交软件构建了一种新的仪式，让过节这件事情变得可视化的同时也更加有趣。

韩后919爱购节：借力打力，出奇制胜

韩后是919爱购节的始创者，在2013年919"多家争鸣"的浪潮中，韩后凭借"张太体"的爆炸性登报事件提升了知名度。但在护肤品市场同质化严重、传播舆论声音嘈杂的环境下，韩后需要在2014年9月19日的主题周内再次提升韩后919爱购节的品牌知名度与参与度。相关数据系统显示，中国女性担任了最多的生活角色，生活压力大，没有太多时间装扮自己，但她们期望生活可以更有乐趣，喜欢被人重视，被人认同，所以她们一直在寻求机会改变现状，积极经营自己与生活，活得更美，并渴望超越促销带来的价格体验。

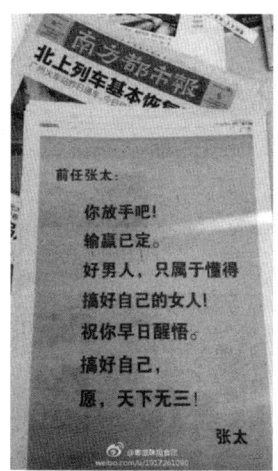  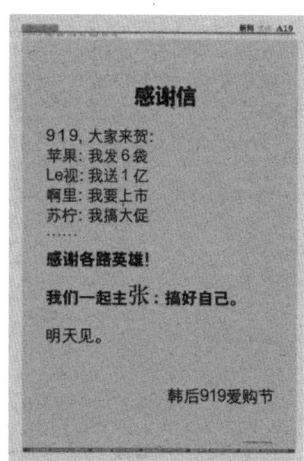

图 3-5 韩后报纸广告　　　　　图 3-6 韩后 919 爱购节宣传海报

韩后利用919节点，接力2013年"张太"的媒体高关注度，先撬动一部分人的关注与参与，再增强客户黏性，最终拉动销售。具体营销方案为：延续韩后919"搞一搞"精神，消费者都一起关注919是什么大节日；借助"919将真相大白"铺天盖地的悬念广告，最后揭秘收归到韩后抢先亮出的"919真相大白"的答案广告与919病毒视频；最后实现线上线下的销量和韩后919爱购节影响力的双重提升。与此同时，韩后首创姓氏营销，玩转"张氏营销"，以"只要你姓张，白拿BB霜"的独有姓氏促销引起一部分张氏消费者的关注，让更多"不是张氏"的消费者"嫉妒"并参与讨论，玩转姓氏营销。

1.抓住时机"搞大牌"，牵起919旋风——借9月19日阿里巴巴上市、李娜退出球坛等社会热点，"截胡"苏宁919悬念广告，提前公告"韩后919只要你姓张，白拿BB霜"促销信息，让所有行业媒体，都错以为前期铺天盖地的悬念广告是为韩后919爱购节宣传，并直接推出南都"919大牌感谢信"，牵起苏宁、国美、乐视等大牌对919的跟进。

2.用姓氏营销,诱惑姓氏"张"力——紧跟919旋风的热点,推出《只要你姓张》病毒视频促销广告,大跳张氏神舞及借助张氏KOL(张亮)广发"张氏"姿势,并引起互联网围观,引流唯品会。

3.借时借势借力传播,提升品牌知名度——巧借9月19日,邀请唯品会首轮"张氏"会员协同"张太"参与《只要你姓张》病毒电影首映,借电影院阵地传播韩后919唯品会"姓氏营销"张力,二次传播病毒视频,推动韩后919爱购节品牌知名度。

4.紧扣话题,定调收官——联合微博KOL助推及唯品会促销,在行业内媒体进行"姓氏营销"案例定调,形成口碑传播,提升行业知名度和美誉度。

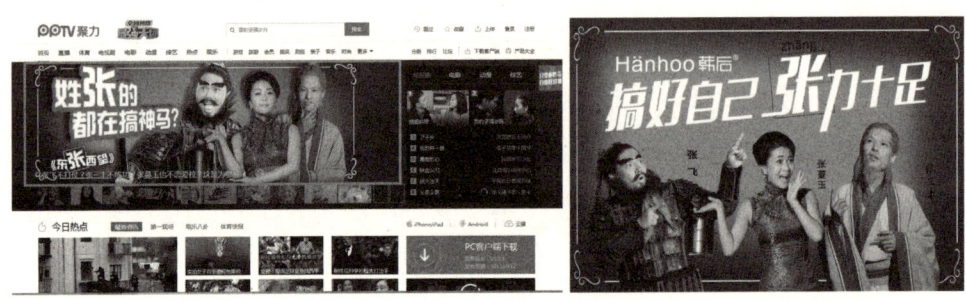

图 3-7 《只要你姓张》病毒电影及其海报

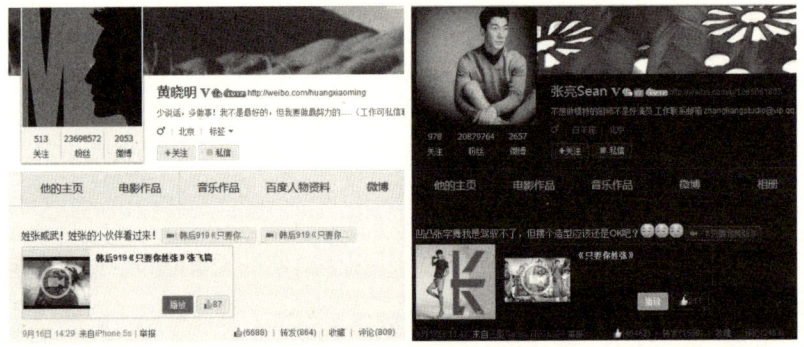

图 3-8 黄晓明及张亮等名人微博转发

图 3-9 黄晓明代言唯品会平台活动

在整个造节活动中韩后品牌曝光度为2.6亿人次，网络点击播放量280万次，《只要你姓张》病毒视频点播量超150万，付费推广带来的观看人数占30%，主动搜索观看人数占70%。#只要你姓张#微博阅读量662.4万次。3个媒体/营销圈公众号主动发布，引发超过15个公众号转载，有效覆盖手机端约1500万人次。24个微博KOL（媒体官微、明星、行业大号、媒体人、营销大号等）参与传播，引发接近7万的互动量，曝光量接近1.2亿人次。韩后919爱购节唯品会的销量达到200万。

亚马逊中国819十周年店庆：十破天京，后会有期

行业大电商，都有自己的店庆或促销节点（如京东618，双十一，双十二等），但作为电商鼻祖的亚马逊进入中国已达10年之久，却从没有做过店庆，所以想在2014年8月19日打造一个属于自己的店庆日。

京东618店庆刚过去，双十一还在后面，正值8月份消费疲软期；竞品店庆都是经历线上线下数亿广告费组合轰炸的节日，而亚马逊8月19日的店庆，对消费者来说，认知度完全是零。在没有其他推广的情况下，亚马逊寄希望于以社区营销打造一个新的店庆日"亚马逊819"，让人记住819并让之后每年的8月19日专属亚马逊。

在宣传上，亚马逊完全围绕主题塑造819，造十周年店庆之势，目的是把"819

亚马逊店庆日"变成"819大家的幸运日"。同时精选10个产品线促销直接针对行业巨头竞品（天猫、京东），使十周年店庆呈现出十年磨一剑的气势。

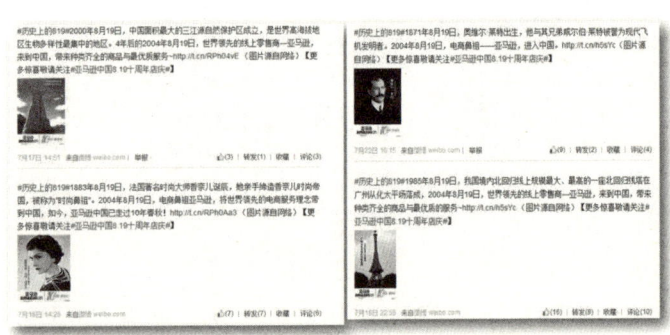

图 3-10 #历史上的819#话题引爆

在创意表现上运用了多种元素：

1.话题："历史上的819"，列举历史上8月19日发生的大事件，将亚马逊8月19日比附其中。

2.动画视频："618变819"娱乐动画，借势京东618店庆，微博微信发布娱乐动画视频，京东狗撞翻了618广告牌，戏剧化地变成819。

3.漫画："818与819"跷跷板漫画，借势苏宁818店庆，发布跷跷板漫画，表明818只是预热，重头还在819。

图 3-11 活动相关的漫画宣传

4.游戏:"819抢Kindle游戏,全网疯点抢Kindle",每逢第819次点击,会发出一个奖品,持续传播819带来的幸运与惊喜。"819天天爱购物"游戏,改编经典游戏天天爱消除,在游戏中消除819个商品,即闯关成功。

 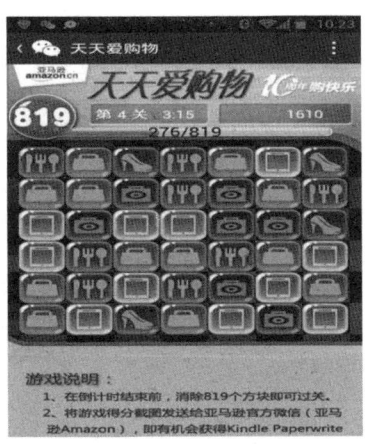

图 3-12 819 抢 kindle 游戏　　　　　图 3-13 "819 天天爱购物"游戏

5.创意海报:"819百大品牌同庆亚马逊",联合供应商微博,发起同庆亚马逊创意海报,为亚马逊庆生;"819后会有期",借势韩寒电影《后会无期》电影热映,制作"后会有期"海报。

图 3-14 "819 百大品牌同庆亚马逊"活动相关海报

通过微博、微信、官网的全方位宣传，最后，819Social推广官方微博效果为：直接影响人数（阅读）3700万人次，直接参与官微互动人数（转评）15万人次；819Social推广官方微信效果为：直接访问人次近45万；819Social推广助推官网销售，此轮销售额，创3年以来销售新高。亚马逊通过形式丰富创意无限的十周年事件的传播，成功打造了819这个属于亚马逊自己的节日。

图 3-15 亚马逊 819 活动海报

融情于节，且造且珍惜

据中国电子商务研究中心最新发布的《2014年上半年中国网络零售市场数据监测报告》显示，总体来讲，2014年上半年网络购物市场、促销频率和参与度都有所提升。电商的发展轨迹伴随着不断的炒作不断吸引着消费者的眼球，尽管造节促销噱头大于实际，但从某种程度上来说，也确实能带来销量的增长，这是电商们乐此不疲的主要原因。淘宝有"双十一"，京东有"618"，两强争霸的格局中，其他中小电商自然都希望再造一个属于自己的"节日"来争夺客户，获得更多的"存在感"。在"双十一"购物节的启发和带领下，许多电商选择"搭车造节"，即搭着已创节日的顺风车借机营销。如今的"双十一"已经并非阿里巴巴的专属节日，转而变成了电商界的年度盛典，电商们选择在这一日集体狂欢、集中活动且各有特色，致力于创造出高识别度的节日品牌，吸引消费者注意力，提高顾客忠诚度。

传统的重要节日期间是每年消费的高峰期，消费者对商品的需求量也会增加，而像"双十一"这样的电商"自造节"，客观来说并没有对应的消费需求，所以电商只能靠商品折扣来吸引消费者，用5折等折扣来让消费者掏钱。打折又容易引发消费冲动，这些消费实际上并不在消费者此前的计划中，消费者购买的商品也不一定都是需要的。此外，网络消费是虚拟交易，随着网银和第三方支付的发展，网络消费变得日益便捷和简单，消费者往往有种感觉是"网上花钱不心疼"。在这样的情况下，随着电商"自造节"的不断来袭，就会让消费者养成一种消费惯性，一个最显著的心理特征就是："打5折了，我必须买点什么，要不就亏了。"

就拿"双十一"过去一个月后，淘宝和天猫试图拷贝"双十一"的成功，再造一个"要爱要爱日"（12月12日）。但是数据显示，各家电商的销售数据远远低于此前的"双十一"网购狂欢。网民针对"双十二"的社交讨论热情也明显低于"双十一"。可见，经过狂热的光棍节，一些网友已经回归理性消费，购物热情有所减弱，同时商品品种的雷同单调也让一些消费者开始厌倦。"某某节店庆"的推送消息会让消费者出现审美疲劳，加之短期内每个消费者的消费能力也是有限的。

"没完没了的电商节日，一个接着一个，看似诱人，其实优惠不多，很多的促销活动都是虚假宣传，要么是调价后打折，要么就是低价的商品显示'缺货'根本抢不到。"一位网友在微博上留言道。所以尽管目前电商"节日"多如牛毛，但真正获得消费者认可的节日并不多。如何造好"节"是电商的必修课。同时，在本质上并未脱离价格战的造节运动中，无休止的各类"节日"也会给供应链带来沉重负担。目前突击式的"炒作营销"占到了电商整体交易规模的很大一部分，但这种模式显然不利于行业的长远发展。因为这考验的是一个企业的供应链管理、渠道资源以及物流配送等综合能力。所以，电商们也应该将营销单独放在互联网的层面拆开来进行重塑，更多地关注服务和内容，而不仅仅是换个马甲，将传统线下的节日促销变成另类的"线上造节"。

但从阿里巴巴四年来在"双十一"时的业绩可以看出，事实上每个人对于仪式的渴求度都很高，因为个体必然是孤独的，一个人的观念必然与他人有异。但是仪式给了人和他人在心灵上的同一可能，通过特殊的仪式，将个人意识中的某一部分与这些符号、程序进行融合，从而产生了归属感。这是每个人都希望获得的，也是电商造节能俘获人心的重要原因之一。双十一等活动充分利用了媒介的作用，制造事件，营造了强烈的仪式感，让消费者在同一时刻参与其中，投入情绪，成为这场狂欢的一个组成部分。在购物仪式中，打造了紧密相连的消费共同体，以"造节"之名行"购物"之实。

跨界这件事
——基于案例研究的电商跨界营销"三问"

跨界，顾名思义，需要跨出自己的圈子，越过行业的界限，到别人的领域里去。跨界可以有很多的作为，跨界可以玩营销，跨界可以做设计，跨界可以学管理。跨界的目的也可以很多元，高调地赚眼球，纯粹地省费用，或者，就是简单地想从别的领域吸引消费者，然后，轻松愉快地继续挣钱。

说"跨界营销"是2014年最火的词是肯定错不了的，各行各界各个品牌都在削尖了脑袋想做别人家那个"门口的野蛮人"，借点人气，学点经验，顺带把钱挣足。作为这个互联网时代最具前瞻性、创新性和独特思维的那一群人，大小电商们自然也不会忽视了这个耀眼又实用的好法子，他们在2014年热热闹闹地为我们演绎了一出可圈可点的"跨界营销"大戏，精彩纷呈的同时，也充满了值得我们学习的经验。

为什么要跨界

首先，我们要理清楚一个问题：电商为什么要跨界？不跨界可以么？我安安静静地在网上做个卖手机壳的美少女不好么？我为什么要跨到一个陌生的领域里去，去做阿狸，做小苹果，做服装，做杂志？跨出你的"界"，外面有什么？

有人说跨界营销的本质是一种资源的互换。站在电商的角度，与其说跨界营销的本质是一种用户资源的互换，倒还不如说是一种流量的互借。今天的互联网经济之下，最贵的东西是什么？是流量。电商营销的一切目的无非是获得巨大的流量，没有流量就没有转换率，没有转换率就没有营销收入。电商最根本的需求是什么？是营销额，是利润。而利润的来源是什么？是低成本加上高收入。跨界营销的优势就是以相对低廉的成本，来获取"界外"的消费者，提升自己的流量和销售。

如果你对自己的流量来源足够有信心，目前的流量本身也足以支撑你的线上店铺销售，那么跨界营销对于你来说，或许也没有那么大的吸引力。但是对于一个有雄心的电商来说，想要在行业竞争白热化的今天，做自己领域里数一数二的翘楚，又没有那么强大的资源做后盾，那么跨出去，去用别的领域的用户来为自己做生意，成为了不二之选。

手机壳在淘宝是个庞大的品类，大到做了好多年的皇冠卖家，小到刚刚入"淘"的电商菜鸟，都在开店卖手机壳，因为今天的手机壳很大程度上已经不再是一个简单的电子产品的保护装置，而是使用者的一个个性表达渠道和身份象征符号。萌萌哒少女大概是不会用黑金属的酷炫手机壳，高端商务人士大概也不会在见客户时掏出手机来后面挂个造型夸张的廉价卡通外套。手机壳是一个几乎人人必备的产品，市场的需求够大，也够多元，但是竞争对手也足够多。如何在众多的竞争对手中，用最节省营销预算的方式，精准而快速地找到自己的目标消费者，让自己的经销商选择自己而不是竞争对手的产品呢？这正是mooke手机壳所面临的问题，也是它选择"跨界营销"的理由。

不知道mooke手机壳？那你总知道那只无敌可爱的阿狸吧？听过火遍全宇宙的小苹果吧？用过交友神器陌陌吧？如果你是位年轻辣妈，那你一定知道早教品牌逻辑狗；如果你是韩流追随者，那你肯定知道韩国第一牛仔裤品牌——TB2；如果你酷爱互联网视频，《万万没想到》一定是你不会错过的片子……认清了自己的品牌知名度之后，mooke在别的电商跨一步的时候，一口气跨了N步！消费者喜欢贱萌的表情，那就跟阿狸和nonopanda合作；消费者喜爱草根文化，那就跟小苹果和万合天宜合作……消费者不知道我们没有关系，我们有办法让他们知道！

看看自己每天的店铺流量和在消费者中的知名度，再看看身边各种热火朝天的"知名品牌"，您真的不心动？

图3-16 mooke 万万没想到系列手机壳

图3-17 mooke 小苹果系列与老男孩联合出品

跨到哪里去

在外界的眼里，你的高度取决于你跟谁在一起。电商做跨界营销最根本的关键点就在于，你跨到了谁的地盘上，跟谁合作。道理说说就是这么简单，但是操作起来确实是一件费劲的事情。

首先，在这个一切以用户为中心的电商营销世界里，消费者是最重要的。在选择跨界营销的合作对象时，最先需要考量的就是对方的消费群体特征。他们不能跟你的消费群体完全重合，这样的话，就失去了拓展新领域的意义，跨界的质量也会大打折扣。但是不重合不代表没有契合度，对方的消费群体必须是你的目标消费者或潜在的销售对象。只有当两个不同产品的消费者都能够从跨界中获得共鸣时，跨界营销才有可能取得双赢。所以品牌首先必须从消费者的角度来寻找跨界合作的对象，才能够领悟到跨界的真正魅力。

其次，电商跨界营销的对象可以非常多元化，可以是电商与电商之间的跨界合作，也可以是电商与新媒体的跨界，比如林氏木业与万合天宜合作的自制剧、微电影，但是合作的目标必须明确，那就是双赢。电商跨界是一个双向的行为，与一些行业性的竞争性跨界具有本质上的不同。阿里巴巴作为一个电子商务平台，去开拓金融借贷服务，这是一种竞争性的跨界，跨去金融领域与银行和借贷机构竞争，这样的跨界具有强烈的侵略性和竞争性。但是我们今天讨论的电商跨界是跨界营销合作，以合作性为基础，合作的目的是双赢，只有彼此都从中获得了利益，才是一场跨界营销真正的胜利。在选择跨界对象时，必须考察和考量跨界所带来的利益，如果跨界营销带来的结果只是一方的获益，那么这样的跨界营销就没有展开的意义。

最后，跨界营销的目的之一是为了节省营销费用，相比传统企业偏爱的简单粗暴投放硬广或者是互联网新贵们惯用的土豪式砸重金让利等方式来吸引流量、获取顾客，优质的跨界营销行为既要显得新颖巧妙，具有话题性，能够带动提升企业的形象，又要能够节省营销费用，在合作中彼此互换资源，无论是消费者资源还是渠道资源，都能够提升营销活动的性价比。所以在选择跨界营销的对象时，必须考虑对方在合作中能够给到你什么，这些对方提供的资源是否就是你所缺的，而你又能为对方提供什么，这样的资源互换带来的效果是否就是彼此在无需过多费用的情况下就能够获取的。

以中国第一围巾品牌——羚羊早安为例，围巾的消费群体相对比较集中，起步于2008年的羚羊早安，倡导"美丽不平庸"的品牌理念，以"倡导独立与美丽，优雅的女子"为消费对象。羚羊早安希望借助跨界营销，通过具象的故事、内容以及网络社群营销模式，来强化对消费者的品牌吸引力和客户的认同感，将品牌理念深深植入消费者内心。那么，谁能够帮助羚羊早安来完成这个目的？哪个领域的消费者与独立、美丽、优雅的女子既有差异化又有契合度？

"腹有诗书气自华"——读书的女人浑身自然而然会散发出优雅而迷人的气质，而这些读书、爱书的女子，不正是羚羊早安所要寻找的潜在目标受众么？既然要选择书，那就选择一本关于女人的书，《灵魂有香气的女子》一书，讲述了张爱玲、林徽因、宋美龄、胡蝶等诸多"美丽不平庸"的女人故事。2014年，羚羊早安与畅销书《灵魂有香气的女子》围绕女性消费群体，开展跨界合作，以"电商与新媒体中第一个'讲故事'的围巾品牌"为活动主题，用一种全新的方式诠释了电商跨界营销的新趋势。

图 3-18 羚羊早安与《灵魂有香气的女子》联手

对于羚羊早安来说，有气质、爱看书的女子自然是他们最想要获取的消费群体，因为这样的女性能够欣赏羚羊早安主题丝巾的魅力与价值,而且能够扩大品牌的传播,深化品牌的形象。通过在新书发布会上赠送原创的设计丝巾,使自己的品牌与"美好女子"的形象紧密地结合起来。这样的营销活动成本不高,但是效果却远远大于在别的地方投硬广、写软文,因为在这里,你能够最精准地遇见你的潜在消费者。

图3-19 《灵魂有香气的女子》新书发布会

跨界营销的意义在于合作,羚羊早安与《灵魂有香气的女子》深谙合作的精髓——你中有我,我中有你。在微信公众号上,原创丝巾和书中节选一起做宣传;玩互动游戏、投票给合作款围巾的"女神对象",就能获赠丝巾与精装版图书;设计款丝巾,每款前100名购买者可获赠"精装版"《灵魂有香气的女子》;丝巾与北京精装书签售会同期上市。借助微信、微博等新媒体的话题传播效应以及彼此原本的营销计划,羚羊早安和图书的每一步营销都紧紧走在一起,步调一致,绝不偏离。双方的粉丝不论是哪一方产生了购买行为,都能够产生叠加销售,使彼此的消费用户均呈爆发式的增加。这种新颖的电商传播与合作途径,不仅能够增加彼此消费者的数量,更能很好地使原本抽象的品牌理念具象化。这样的营销模式在费用上比传统的电商营销模式更加节约,而且实实在在地达到了彼此双赢的目的。仅以双十一当天羚羊早安两款主题围巾为例,销量就达到了2000多条,共计30万元。而通过与羚羊早安的合作，《灵魂有香气的女子》一书的销量也远远超出了预计。

可见，选择一个正确的跨界对象，并辅以正确的跨界营销手段，那么一个成功的跨界案例便已经呼之欲出了。

如何迈出跨界第一步

心动不如行动，行动却需三思。在今天这个社会，一切事物都在以"秒"计地变化着，一步慢于他人，便会错失最好的时机，甚至被彻底淘汰出局。但是俗话说，磨刀不误砍柴工，也许在跨出去那一步之前，你确实需要好好想一想第一步怎么跨。

正如上文所说，当你已经决定要跨出去之时，首先必须想清楚自己的方向，选择一个正确的跨界对象至关重要。就像谈恋爱一样，你必须找到那个适合自己的人，才能开展一段幸福的恋情，而当你心中已经勾勒出那个人的形象之后，那么寻找便是最关键的一步。但是在寻找之前，你也必须对自己有清晰的定位和明确的认知。

其实跨界本来就是打破原有的疆界去融合、贯通，那么在理论上，其实无论你的实力、背景、经验如何，只要你有一颗跨出去闯荡的心，你就可以成功。但是事实是，你的实力决定了对方的实力，你的背景和经验决定了对方是否也会考虑选择你作为跨界的对象。如果你只是一个在电商平台上贩卖山寨劣质家具的小公司，那么万合天宜会选择跟你合作拍摄微电影么？如果你一个月前才开始在网上卖围巾，那么会有书籍出版商来找你跨界合作，捆绑销售他们的新书么？如果你只是一个屌丝，虽然谁也没有权利去剥夺你爱慕女神的心，但是在你跟女神表白之前，是不是也应该努力地提升一下自己，让自己站在跟女神同样的高度然后再去争取爱情呢？

所以说跨界营销的第一步要怎么走？先看看自己的实力，自己是不是有足够的消费者来吸引对方与你合作,自己的消费者是不是能够满足对方的营销需求,自己的整体运作与执行能力能否支撑起一场跨界营销所带来的需求与效果。不是说你不能拥有勇敢跨出去的魄力与梦想,只是说跨界营销的前提是你必须有足够的实力去支持你的行动。

　　裂帛作为中国电商平台上知名的独立设计品牌,其实力不言而喻。2014年双十一前夕,裂帛以"#你敢不敢#——人生需要裂帛的勇气"为主题,开展营销活动,就选择了特斯拉作为其跨界营销合作对象,借助特斯拉的品牌调性,来诠释"勇敢裂帛的勇气",以及"民族的就是世界的"理念。裂帛敢于与特斯拉合作,是因为裂帛足够自信,也足够有实力。

图3-20 裂帛#你敢不敢#海报

图3-21 裂帛:四行情书

　　爱情不能一蹴而就,一见钟情不代表能够天长地久,当你遇见那个合适的人,他／她也对你表达了爱慕之情，那么接下来，你是不是应该去了解他／她，去到他／她的生活里，感受一下他／她的世界？跨界营销也是一样，当你的实力能够匹配上你的跨界对象，当你们彼此都有意于对方，那么接下来你所要做的就是认真地去解对方。对方的企业经营状况如何？他所在的细分领域里，现有消费者和潜在消费者的情况如何？他的竞争对手有哪些？竞争对手的营销手段都有些什么？他能够为你提供什么？如果是流量，那么他的哪些行为、入口可以为你带来流量？如果是品牌形象的提升和知名度的再扩大，那么他本身是否具有足够好的社会形象？如果对方发生公关危机，你要如果去应对，如何化解？如此种种，不一而足，都是你在跨出那一步之前，必须做好的功课。

乐视在淘宝上卖电视，于是他瞄上了那些天天在电视里露脸的好莱坞巨星。刚巧，一部《敢死队3》的片子，汇聚了好莱坞史上最全的硬汉阵容，打造出了号称是史上最极致的暴力美学。乐视岂肯放过这样的绝佳良机？但是在下手之前，必须全面地考察对方的情况。有前两部《敢死队》做强有力的后盾，以及老牌硬汉外加新生猛将的顶级阵容做保障，票房、人气是不会差的，但是《敢死队3》是否具有创造话题性和传播性的可能？如何让消费者在《敢死队3》上映之前就能够将乐视与电影联系起来？这些问题都是在选择与电影进行跨界营销之前必须考虑和调查清楚的。

2014年8月，乐视影业引进《敢死队3》，成为其内地出品方、邀请好莱坞动作巨星杰森·斯坦森来到中国、上线衍生品和同名手游等等的跨界合作行为，为乐视的电商旗舰店带来了比平时高出80%的流量。事实证明了《敢死队3》的好莱坞巨星在中国的巨大魅力，也证实了这场跨界营销的成功和价值。而这一切成功的获得，无疑是建立在乐视之前对《敢死队3》整体情况的全方位考察之上的。

图 3-22 杰森·斯坦森中国行现场独家全程记录展示

跨界营销是今天电商营销的大趋势,其中蕴含的学问和奥妙更是难以用寥寥数千字来表达。2014年度经典的电商跨界案例除了上文所提到的mooke手机壳、羚羊早安、裂帛、乐视等,还有林氏木业、茵曼等等,这些电商企业在新的时代趋势和环境下,最大化地利用了跨界营销所带来的流量效果和品牌提升,为自己的品牌创造了最大化的价值。这些案例值得我们花费时间去学习,但是我们也必须紧跟时代的潮流,着眼于发展、变化的整个社会环境,在学习借鉴中创新电商跨界的对象、形式和内容,从更深层次的合作中,延伸跨界营销的深度和广度,与和自己"看似不相关实则互补"的对象,展开更精彩的跨界合作。

始于名人，终于销售
——浅析名人效应在电商营销中的应用

名人效应是指名人的宣传能够吸引人们关注、提升广告效果的效应。在以用户为主的时代，产品的同质化竞争加剧，为了在营销中胜出一筹，许多品牌通过借助名人效应作势来宣传自己。马云说："我们知道敲几个锣，就可以围那么多人，锣都敲得好，戏还能演不好？敲锣都敲出花来了。"可见，名人对于营销而言，有着敲锣打鼓、营造声势、带动围观的功能，因此，请名人代言也一直为电商所青睐，但是，名人怎么选？如何将名人的效果最大化？又如何将名人效应转化为实际的销售价值？这些值得电商们深思。

品牌主对选用名人的热衷，根源于名人效应。名人效应能促进企业的形象塑造，许多公司请名人作为自己的产品代言人，广告业邀请名人加盟，名人的声望能够为不知名的小企业造势，迅速提高广告被注意的程度，也能提升产品的影响力，名人的知名度和号召力也能吸引消费者关注与他们"绑定"在一起的信息。经过名人的宣传和炒作，原本不知名的产品、品牌、企业会间接地为大众所熟悉。此外，针对人们崇拜名人、追捧明星、模仿明星的心理，名人广告也能提高人们的接受度，进而接受名人所推荐的产品。而且，由于名人的消费能力和社会地位较高，具有较高的社会身份和社会认同，因此，与名人相关的产品和活动会自然而然地被认为是高档、体面、有身份的，参与名人宣传的活动和使用名人代言的产品可以满足人们的虚荣感，让消费者感受到自己为社会认可和尊重。同时，有些名人在自己所从事的领域具有一定的权威性，他们的选择和言论对于大众具有一定的导向性，容易为消费者信赖。因此，消费者更倾向于接受专家、行业精英们所推荐的产品。从长期来看，名人效应可以为厂家带来可观的收益。

凭邓紫棋，卖"好气色"

彩妆品牌美宝莲对用户群体分析后发现，目前客户群体的年龄主要分布在18-25岁，她们的消费层级较低，以女性新手为主，并且有诸如"潮范儿"、"阳光"、"创意广告"、"关注八卦新闻"、"追求时尚生活"等特色标签，对新事物有极大的热情。针对该部分彩妆消费群体，美宝莲希望借势当下备受关注的女星邓紫棋来引导消费者。邓紫棋作为歌坛天后，时下当红，曝光率高，受到年轻人追捧和热议，能够产生强烈的话题人物效应。在2014年8月，美宝莲推出"买新品唇膏送邓紫棋签名照跟海报"活动，在美宝莲品牌粉丝跟邓紫棋粉丝中扩大该活动的影响力。活动进展分为两个阶段，在造势期发起美宝莲唇膏跟露华浓唇膏PK活动，鼓励用户免费试用、达人试用，并在微淘发帖竞猜唇膏代言人。紧接着是爆发期，通过三微来配合活动发帖宣传，并揭晓唇膏代言人邓紫棋，8月14日，邓紫棋发布微博预热，在15、16日进行推广活动，买新品唇膏就送邓紫棋签名照跟海报。微博大号同步转发，形成了病毒传播，增强了活动的影响力。

经过微博活动推广后，美宝莲在热门品牌排名中上升为第二，成交金额、成交人数远远超过第三名。百度搜索指数在15、16日上升明显，表明站外话题传播效果明显，引发全网病毒传播效应。站外推广在15、16日带来巨大流量，访客数上升明显。整个店铺的销售额在15日、16日达到顶峰，说明好气色唇膏的销售带动了全店的销售。15、16日两大终端带来的访客数都比之前高很多，其中无线端增长更为明显。

通过美宝莲的营销推广活动，可以发现，借势明星+话题+良好的页面引导是此次营销推广成功的关键。因为同类品牌种类繁多,消费者主导市场,产品竞争同质化,所以,在这样的市场环境下,品牌选择名人来言,首先要慎重考虑、选对名人,同时,不能仅靠单一的名人策略,要配合其他营销手段,借助新媒体平台,多维度地推广营销。

细分定位,人格背书

"互联网娱乐+明星电商+粉丝经济"成了现在电商的标准打法,而这背后传达的是更深层的信息:细分定位,经营粉丝。作为中国互联网快时尚第一品牌,韩都衣舍凭借"款式多,更新快,性价比高"的产品理念深得全国消费者的喜爱和信赖。2012年-2014年,在国内各大综合类电子商务平台,连续三年均在女装类排名第一位。2014年,韩都衣舍女装取得了天猫历史上第一个全年度、双十一、双十二"三冠王",男装取得了天猫原创年度第一名,童装取得了天猫原创年度第三名。

在当前的电商环境里,线下品牌和国际化品牌都致力于扩大线上的销售份额,因此,虽然韩都衣舍已经在电商中有立足之地,但是品牌不进则退,仍需继续开拓。

签约明星代言,是韩都衣舍赋予品牌"人格化"的一项重要策略。2014年4月,韩都衣舍签约韩国巨星"国民女神"全智贤,成为中国第一个签约国际明星代言的互联网企业。

2014年5月16日,韩都衣舍在聚划算品牌团活动中,借助"女神"全智贤的明星效应,创造了单日品牌团交易额过2000万元的业绩,不仅创造了聚划算女装类目日常品牌团有史以来最高销售纪录,更一举刷新了中国互联网闪购平台单品牌单次活动最好成绩。

尝到"甜头"后,韩都衣舍于同年10月,与韩国明星安宰贤签约,成为其第二位国际明星代言人。

此外,"联姻"StarVC,引入明星股东,亦是韩都衣舍品牌战略的重要内容。目前韩都衣舍的主要目标客户为20—35岁的都市时尚人群,他们与韩都衣舍的三位明星股东李冰冰、黄晓明、任泉的粉丝具有极高的重合度,在这个契合点上,三位股东可以非常给力地为企业做人格背书。此外,目前李冰冰、黄晓明、任泉这三大明星加起来有近亿忠实粉丝,他们的年龄、受教育程度和地域分布,跟韩都衣舍的消费群体有很大部分的重合。基于对这种粉丝环境、明星效应和群体重合度的认识,"细分定位,经营粉丝"战略对韩都衣舍而言是必然之选。2014年双十一,韩都衣舍推出"联姻"StarVC的营销活动,最终以2.79亿元的销售量,排名天猫的全品类第六名,荣获女装冠军。

活动具体包括三个阶段。第一阶段:在"罗辑思维"首发引爆三大明星的StarVC计划,获得了粉丝在微博、微信朋友圈的热议,有2000多家企业报名参加。第二阶段:在官方微博@Starvc计划公布首批入选企业,Starvc公布投资名单——首批投资企业名单花落韩都衣舍。明星投资入股韩都衣舍,成为明星股东。在明星贴吧、韩都贴吧,明星与粉丝进行互动。第三阶段:双十一引爆活动。这样一个"电商+明星"的投资故事,在娱乐界和投资界同时炸开了锅,也引起娱乐圈、电商圈和普通大众的强烈好奇和围观。

就在2014年双十一,韩都衣舍的销售量达2.79亿元,摘得女装类目冠军,拉开第二名优衣库9200万元,完成率100%;微博粉丝参与曝光量千万,完成率300%;有500余家媒体报道,完成率500%;百度指数大于平时的1000%。

在互联网时代,品牌需要更强的"人格化",三位明星入股韩都衣舍,对互联网品牌进行人格塑造,对于互联网品牌的"人格化背书"产生积极影响。

名人花絮，粉丝移情

美丽说作为国内最大的女性快时尚电商，目标人群以18-30岁女性用户为主。而EXO-M的粉丝群体与美丽说的自身定位人群及潜在人群重合度很高，所以可以打造"EXO-M成员使用美丽说APP，使平凡的女孩完成魔法变装"的概念，利用粉丝经济学打造电商品牌。

现在是偶像的时代，也是一个"粉丝"的时代，粉丝所代表的是现今的一种消费潮流——参与化、情感化和圈子化的消费者集群。美丽说作为女性快时尚垂直品类杀手，利用强大的技术及数据分析能力准确洞察分析目标人群，以粉丝营销打造电商品牌。营销传播策略采用饥饿营销的形式，在广告片正式曝光前陆续通过落地活动如猜剧情、花絮视频曝光等形式做预热，预热阶段通过湖南卫视《快乐大本营》曝光45秒版本长篇广告，并在广告播出后在优酷投放种子视频，引导粉丝点击观看。EXO-M春夏广告片首登湖南卫视《快乐大本营》后，美丽说官方微博2小时荣登热门话题榜第3位，转发超7万余条、获赞近2万次，官方发布视频播放总量突破38万人次。以年轻人群最爱的互动方式，利用粉丝群、各草根大号微博、EXO-M相关粉丝贴吧、微信等进行整合推广把效果最大化。首播后采用受众集中的媒体投放形式，确保一线卫视覆盖、互联网投放补充，在短时间内形成全媒体轰炸，使广告片产生的粉丝效应达到最大化，在短期内形成口碑。EXO-M秋冬广告片一经播出就获得惊人效果，24小时其宣传微博转发超10万，单条广告优酷视频播放量超过36万，美丽说APP端日活也爆发性地上涨20%。

美丽说通过情感营销，成功地将粉丝们对EXO-M的感情转移到自己身上来，实现了粉丝们的初步移情。并且美丽说会定期通过APP等社会化媒体平台，发布关于EXO-M的独家美图和精彩视频花絮，不断揭秘最新动态，带领粉丝去深入探寻他们的欧巴。久而久之形成习惯，实现粉丝们向美丽说产品的进一步移情。美丽说对代言人粉丝的挖掘，根本上源自企业对自身受众的准确认知，粉丝本身也是一群渴望参与、高度情感化与圈子化的消费群体，将名人效应转化为粉丝经济，是对名人的二次经营。

拓展户外，一起摇摆

探路者为中国户外市场领导品牌，连续6年占据同行业市场的销售第一。户外运动作为中国刚刚兴起的运动及生活方式，越来越被人关注喜爱。功能型的户外产品符合人们运动中的多功能需求，也大受欢迎。

探路者以2014年双十一大流量为机会，抓住代言人汪峰的明星效应，开启了一场以汪峰为亮点的"全民户外双十一"活动。探路者的目标群体为具有探索精神的户外爱好者和对户外有所向往的消费者，本次活动中，探路者据此针对性地将货品进行分类，将生意款与明星款、高单值款分开营销。此次营销方案做了很多细分，在数字营销传播方面，通过双微活动进行话题性传播，配合合作网站硬广及软文传播，和大数据下的精准外投流量引入；在CRM方面，重新划分客户数据标签，确定会员营销时间阶段，细分会员营销内容；在运营方面，将淘宝网站内流量投放进行细分，对货品准备、价格策略、VI视觉营销、物流及客服都进行精准化细分。其中流量投放选择大数据兴趣标签，根据社区渠道、SNS渠道、垂直类网站、淘宝站内营销等不同传播渠道的特点，进行区分性的内容及特定客群传播。

探路者的此次双十一活动，是一次借力于明星效应发起的户外属性明显的促销盛宴。汪峰本人的话题性调动了消费者和粉丝的广泛参与，加上探路者产品的口碑及美誉度，借双十一大流量促销时机，成功地推出了一场户外"一起摇摆"活动。面对新媒体环境，在品牌碎片化的时代，借势名人不能作为营销活动的终结，只能作为一个引子，后续的营销策划活动也需"花样百出"，这样才能将促销活动的链条延长，化口碑为消费。

造势巨星，衍生产品

根据乐视对目标消费者的判断，他们大多为《敢死队》系列电影影迷、杰森·斯坦森影迷、好莱坞动作电影影迷，对《敢死队3》电影周边产品有很大兴趣。鉴于当前越来越多的公司逐渐意识到知名IP版权价值，乐视计划打造《敢死队3》整体生态销售模式。

乐视邀请好莱坞动作巨星杰森·斯坦森来华，并以内容为核心带动周边衍生品进行售卖。通过跨界合作、借势传播，推出跨界新玩法，定制电影限量版个性化产品，全面借势杰森·斯坦森及《敢死队3》电影影响力，传播效应明显，在杰森中国行项目期间，乐视生态天猫旗舰店日平均UV达到19万左右；并进行《敢死队3》同名手游、话题分享，推出高质量同名手机游戏，让乐视独有的垂直整合的"平台+内容+终端+应用"的乐视生态也得到了进一步完善。

在此次整合生态营销活动中，乐视致力于资源整合、协同推广活动，对乐视网全网各资源运用得当。包括乐视网PC端首页焦点图、乐视网PC端通栏、乐视网PC端搜索页、乐视网PC端播放页前贴片、乐视网PC端播放页角标、娱乐频道杰森中国行专题页、电影频道专题页、乐视网移动端APP开机大图、乐视网移动端APP焦点图、乐视网移动端APP前贴片、乐视网站内信等。衍生品合作方则争取到很多天猫惊喜推广位、天猫品牌团、京东品牌团等。同时，作为影片《敢死队3》的内地出品方，乐视对《敢死队3》这部电影进行了深度内容开发。

此外，借助杰森·斯坦森中国行，首先引爆社交网络，再结合O2O创造了超强的销售力和影响力。乐视首次推出"PC端+移动双屏+电视大屏+银幕"的五屏互动生态项目，并在首都机场198块LED大屏全屏示爱，引爆了营销话题，展示了乐视生态的力量。

三思择名人，延展营销链

名人选用得当，会带来巨大的营销收益，但是选好名人是有前提的，在选择名人之前要权衡判断，做足功夫。在选用名人时，要考虑到名人的人格形象与品牌个性相得益彰；选择健康阳光、口碑良好的名人来做代言。同时，名人的名气对品牌而言是一把双刃剑：名气足够大，代言的产品过多，消费者难以记住某种特定的产品；名气不够大，形象不鲜明，则难以发挥带动品牌影响力的作用，请名人的效果微乎其微。

而且名人效应并非都是正向的，不是所有的名人都能起到"抛砖引玉"的作用。首先，由于人们对名人的追从和"迷恋"，某些名人会起到"喧宾夺主"的反面效果，分散人们对产品的注意力。其次，如果名人的风格和品位与产品内涵没有关联，就会让消费者感觉牵强附会、生硬做作。再次，名人的声誉也是不稳定的，一些突发的新闻、话题、事件可能对名人的声誉带来不利影响，进而波及他们所代言的产品。

为了更好地发挥名人效应，电商要谨慎思量，三思而行。要切实考虑好名人的人格化特征，并与具体产品衔接起来，将名人效应与后续的其他营销传播活动相连接，利用好新媒体平台，拓宽营销链，寻求附加值，将名人效应转化为粉丝经济、实际销售，把名人影响力落地，才会为电商带来实际价值。

新概念，新玩法，新焦点
——电商平台的"概念营销"

优秀的广告语是吸引受众眼球最快的方式，也是品牌价值体现的最好方式。所谓优秀的广告语应该有三方面的体现：文字能准确体现出所描述的商品功能；能体现出产品有别于同类商品的独特性；能够使消费者建立起对品牌的价值认知。在后信息时代要在短时间内迅速让消费者建立起对商品品牌的认知，要想取得效益的最大化，突显品牌商品的标志性以及独特性，就需要广告语有一鸣惊人的效果。

广告语的目的就是广而告之并产生良性的大众效应，因此检测优秀广告语的标准之一，就是能不能给广大消费者以标新立异的体验和是否能呈现出它的标志性和独特性。品牌商在宣传产品时需要将商品的实用功能和审美享受合二为一，所以广告语的创作要具有许多修辞手法或发散思维的运用，通过遣词造句的巧妙加工，使广告语独树一帜、生动活泼，给消费者留下广阔的想象空间，同时要贴近消费心理，充分展示广告语的艺术魅力和商业价值。

海尔双十一"换想症"——我想换台新家电

电子商务增长迅猛，家电网购已成为中国电子商务领域不可忽视的一个板块。线下家电渠道商电商化趋势不断加快，家电品牌企业纷纷调整渠道策略，加大电商渠道的布局。2014年双十一，各大品牌都增大了投入，竞争也更加激烈。海尔作为全球第一家电品牌，互联网转型比较早，目前已经连续三年夺得双十一家电行业冠军。全品类的排名一直居于前三名。对于2014年双十一的营销，海尔力求继续保持四个第一,即第一品牌、第一大店、第一体验、第一口碑。

据海尔的观察,网购用户的年龄相对线下市场的用户更为年轻,25-40岁的家电网购用户占比最大,超过了60%。其中"城市男"、"白(领)骨(干)精(英)"是主要消费人群,且高学历群体已成为家电网购的主要用户群。个性、有品质感、注重参与感是这类人群的特征。

针对目标消费人群,海尔提出了口号"双十一换想症——我想换台新家电",幻(换)想症这样一个谐音的变化,变静为动,让人多了几分购买冲动。海尔想要让用户参与,并让用户自传播。在双十一让每个用户嗨起来,是海尔最大的理想。

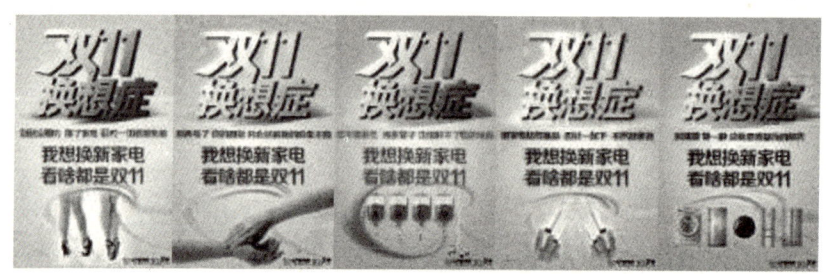

图 3-23 "换想症"主题宣传海报

海尔产品整体采用高低结合的策略。既有性价比高的爆款,和店铺日销主力单品,也有创新型智能新品,还有个性化定制产品。有数据显示,以企业品牌和产品为主导的内容,用户参与度低,企业内容营销必须从产品到用户本身,注重文化、态度、增强参与感;在社会化营销内容中,用户对视频、图片等直观视觉呈现的内容关注更高。海尔"双十一换想症——我想换台新家电"的互动活动重在网民参与,写词造句、上传图片,引发网友广泛参与、分享相关话题,因为自己制造话题自传播更深入人心。同时利用病毒视频,拍摄制作网友亲身参与的趣味视频,进行有调性的广度曝光。不仅如此,还设计了很多参与性很高的互动小游戏,如"点亮双十一"、微信换新体生成器、HTML5病毒小游戏等,将UGC传播和有奖活动结合在一起,让传播更有乐趣,以及体验传播"重金征集花钱好点子"的活动,号召用户发挥聪明才智,给海尔提想法、建议,征集双十一的玩法,让用户成为双十一的操盘手。

图 3-24 换家电产品主题海报

图 3-25 换家电古代名人主题海报

在线下,邀请网友和意见领袖参与互动活动,体验新品,从而了解网友兴趣点,扩大传播。通过十余家媒体蹲点直播,电视广播网络平媒同时发力以达到公关造势,媒体曝光。最后海尔的品牌影响力在百度搜索指数上达到20000以上,完成率115%;海尔双十一换想症微博相关搜索结果达到2000万以上,完成率200%以上。微信、微博、移动端,总覆盖量上亿,浏览量达4000万次,11月8日创意征集互动话题成为微博热门话题榜第7位。销售额完成3.24亿,完成率108%;新客户增量15万,完成率150%。最终在全品类排名第三,家电行业蝉联第一。海尔做到了让用户参与,并充分与用户互动,这也是海尔2014年双十一最大的一个亮点。

抗敏感的冷酸灵打造"抗敏感青年"

在天猫大力支持下，线下品牌加快"触电"，传统品牌纷纷借进军电商来焕发生机，但"冷网感"的牙膏行业的互联网营销发展却如挤牙膏般行进缓慢，冷酸灵作为领导阵营品牌，同样面对品牌老化的问题。冷酸灵牙膏以"冷热酸甜，想吃就吃"成为深入人心的口腔护理领导品牌，是具有57年悠久历史的民族品牌，以解决牙齿敏感、增强牙齿对冷热酸甜的耐受力等多种功效著称。但在互联网营销浪潮下，牙膏行业整体上在新生代消费者面前显得无趣，缺乏打动力。

但冷酸灵洞察到，对年轻人来说，"这是一个最好的时代，也是最坏的时代"。梦想舞台变得更宽广，每个人都有机会。但在社会急剧变革的情况下，旧有规则在瓦解，新规则还没形成。一切都不那么确定，却又面临着各种严苛和冷酷的现实——史上最难就业季，一年年高攀的房价，爱情婚姻看脸更看存款单……这一代年轻人是在社交网络下成长起来的，无时无刻不在展现自己的生活，同时也在窥探他人的生活。他们无时无刻不在评估他人，同时接受他人的评估，一方面标榜个性，装作毫不在乎，但另一方面又无法忍受不被点赞的人生，自卑与自恋此起彼伏、相爱相杀并存。他们羡慕嫉妒着他人，也努力地把自己的生活修饰得让他人羡慕嫉妒。想要更好，但又容易对外界的声音杯弓蛇影，容易在孤独和考验前踌躇不前。他们活在一个敏感的时代，焦虑、躁动、迷惘，甚至迷失，但他们从不放弃！基于这个年轻群体的"痛点"而产生的诉求才更容易打动年轻消费群体，冷酸灵作为中国抗敏感领导牙膏，提出"在敏感时代，冷酸灵号召一起做#抗敏感青年#"以期企业能与年轻群体对话，使品牌在年轻群体中引发关注。

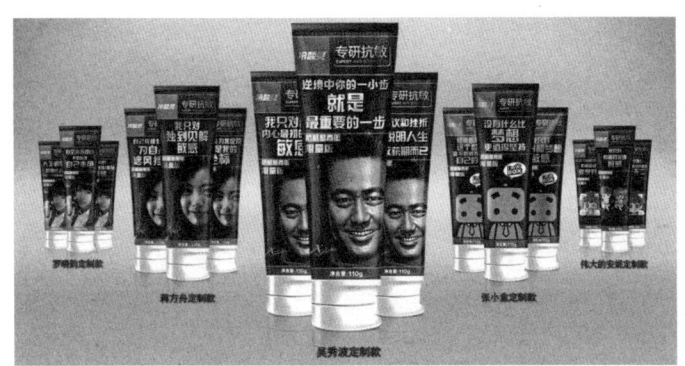

图 3-26 冷酸灵限量产品

冷酸灵采取的谐音方法是利用产品的特征和功能，抗敏感牙膏→抗敏感青年，将售卖牙膏转化成售卖一种态度和精神；把抗敏感由功能转化成一种生活信念；建立起不仅仅是牙齿抗敏感的领导品牌形象，更是一种年轻人生活态度的标签。

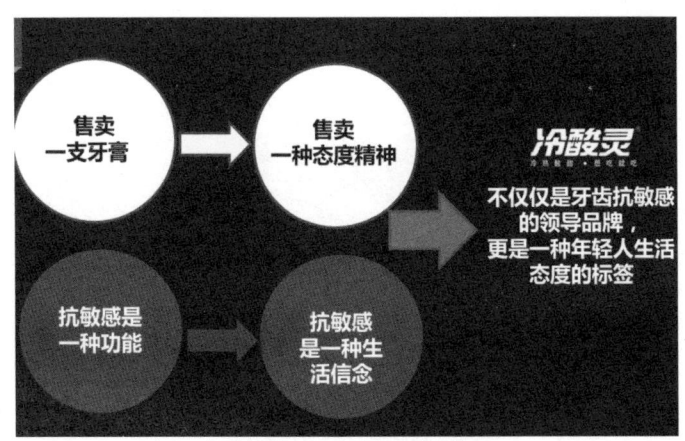

图 3-27 冷酸灵创意思路

在项目的执行策略上：

1.情怀营销，直指当下中国年轻消费者的内心深处，找到品牌情感消费对话点。选取吴秀波、蒋方舟、罗晓韵、张小盒、伟大的安妮5位颇具影响力的意见领袖，以其个人肖像和抗敏感感言语录联手打造5套"抗敏感青年特别版套装"，让牙膏具有灵魂，在电商平台限量售卖。

图3-28 吴秀波、罗晓韵、蒋方舟、张小盒、伟大的安妮等主题海报

2.名人效应引发社群营销，《新周刊》副主编蒋方舟发表长微博《抗敏感，不惶恐》，引爆#抗敏感青年#话题讨论；《抗敏感青年励志大片》煽动无数年轻人强烈共鸣，带来时代生活正能量；双十一前发布的史上最搞笑的牙膏评测贴，抗敏感也可以很快乐。

图3-29 蒋方舟长微博《抗敏感，不惶恐》

3.O2O，通过与码上淘合作精准吸引移动端用户，5位名人精美微海报在微信上疯传引导产品销售。利用码上淘资源积极布局户外，精准吸引移动端用户。双十一

联手阿里码上淘，玩转O2O撬动牙膏电商市场。

4.公关定调，权威媒体发布，提升品牌影响力，冷酸灵在重庆解放碑户外巨型LED和北京王府井户外LED进行广告投放，通过巨大的二维码导流至冷酸灵天猫旗舰店；扫码玩抗敏感手机游戏，强化品牌认知。

冷酸灵通过电商营销平台接触年轻消费群体，品牌影响力扩大显著：

媒体曝光量4.5亿，完成率150%；

病毒视频播放量245万，完成率123%；

微博话题阅读量1.3亿，完成率250%；

微博话题互动量16万，完成率160%；

微博搜索指数23400，完成率195%；

微信KOL阅读量71万，完成率158%；

超过150位蓝V、黄V意见领袖主动卷入参与讨论，事件引发《京华时报》、《东方早报》、《新闻晨报》、《信息时报》等权威平面媒体的主动报道；

销售额比2013年双十一销售业绩增加30%；

……

这无疑是传统品牌全面拥抱互联网营销时代的典型标杆，也为品牌探索互联网营销打开了新的成功模式。

马克华菲的"女友经济"——女神穿男装

年年双十一，各家电商群雄逐鹿，各个电商平台、各个品牌都在抢占双十一流量资源。马克华菲作为时尚男装品牌，历年双十一均表现不俗，但营销策划缺乏颠覆性的动作。马克华菲认为双十一不仅仅是低价打折的时代，在流量大的基础上更应该是品牌与消费者之间互动沟通的一个良好契机。马克华菲希望能在电商行业内树立一个双十一的品牌互动营销案例,提升品牌知名度的同时也帮助店铺在双十一销量榜上提升至前五。

为此,马克华菲决定通过社会化媒体的传播,为双十一品牌互动和销售造势。基于2013年马克华菲男装双十一消费人群画像中,女性占比31%的情况,所以马克华菲的营销对象是TA们(他+她),TA们:年轻活力、视觉系、偏好关于"美"的一切。对于占绝大部分比例的男性TA,这几年常关心的话题之一无疑是女神!所以,在营销方法上选取了网络上不同领域、有一定影响力和粉丝号召力的女性达人来做视频营销和社会化媒体营销,以达到为双十一造势和销售铺垫。在电商行业内颠覆性地引用女神穿男装这样的营销,马克华菲可能是第一个。

图3-30 "双十一你最想要什么"话题海报

通过事件打造TA们穿了我的马克华菲,力邀7大不同领域的女神级人物。逆向思维,用女神演绎男装;推出女神系列视频,制造吸睛内容,发挥眼球效应;利用粉丝经济,聚拢网络红人影响力,为天猫旗舰店聚焦人气;最后引出"女友经济"话题,让媒体更多地关注品牌。具体过程为:

第一阶段预热:权利游戏。微博、微信、天猫小站等多平台举办"双十一权利大逆转"活动,让用户投票选出双十一最想要的特权,为第一轮双十一销售铺垫,引出女神系列视频。

第二阶段事件推出：视界逆袭。首轮女神专题页推出，聚焦消费者关注，引发热议，借"梦想女神"名义带出摩登自由、享受浪漫的品牌调性。女神专题页每2到3天更新一次，头像逐步点亮，8季系列视频依次释放，增加新客流量，提升老客页面黏着度。吸引男性、女性受众关注，共同讨论。

图3-31 "视界逆袭"专题页面

第三阶段事件升温：女神纷争。4位女神通过自媒体平台发布各自HTML5女神邀请函，呼吁粉丝为其投票，品牌配合推出双十一女神专属优惠券&iPhone 6作为活动奖励，鼓舞活动氛围。用户观看完视频可以为心动女神投上一票，每一个投票动作，会生成女神专属双十一优惠券1张，点击即可领取优惠券。活动截止后投票人数超过7万多人，优惠券领取超过28000多张。

第四阶段事件高潮：男神来了。马克华菲双十一消费的用户=坐拥众女神的气质男神，购物狂欢节配合女神主题，推出男神特权"女神客服"旺旺群聊空间，填补双十一消费疲劳期（即使天猫流量最较低的时间段，马克华菲旺旺群中始终有六七百名粉丝与女神们密集互动），女神旺旺送福利（聊天期间，女神不间断发放优惠券，并给到购物建议带动销售），女神服饰"原味秒杀"，将女神在视频拍摄时所穿的明星单品作为双十一特别产品进行秒杀拍卖，配合"女神客服"时间，点燃用户消费激情。

最后阶段事件结束，双十一落幕。引出#女友经济#消费理念，顺势带出品牌双十一营销解读。165家时尚、娱乐、行业类网络媒体发布，获得3.5亿曝光量，让营销事件充分发酵。6家权威纸媒陆续跟踪报导，"女友经济"消费新论更扎实。发布微信、微博手机端感谢信及店铺PC端的卡通漫画感谢页面。

最终，在双十一营销传播期间，品牌曝光量以及网络声量持续增长，广告总曝光量达到1992万次以上，微博话题达5269.9万次曝光，引发8.7万余次话题讨论，站内站外持续升温，由女神穿马克华菲男装演绎成"女友经济"消费新论。

表 3-1 马克华菲双十一战绩表

项目		2013年	2014年	增长率
新客	成交用户数	102587	126681	23.49%
	成交金额	53316652.5元	66449976.21元	24.63%
	成交件数	180824	225789	24.87%
老客	成交用户数	23307	44545	91.12%
	成交金额	13234698.16元	24509773.13元	85.19%
	成交件数	50662	95600	88.70%

新概念的玩法是沿着不同方向、从不同的角度思考问题，多方面寻找解决问题答案的思维方式。这不是循规蹈矩的思维模式，而是从事物的不同侧面探讨如何表现，或从事务的反面寻找不同的表现路径，这就使得广告语丰富生动。这种具有开拓、求异和创造性的广告语才是每个品牌商都追求的。

梦想还是要有的，万一实现了呢
——不得不说的创意众筹

互联网以"开放、平等、协作、分享"为特点，随着这种精神的传递，它不仅融入了金融业态，也对金融模式产生了影响，众筹便是互联网金融发展的表象之一。众筹（CrowdFunding）是指个人、组织或企业（包括初创企业）通过互联网门户（众筹平台）募集资金，用于融资、再融资以支持他们的活动或者企业。2013年被称为中国的互联网金融元年，2014年互联网金融火热不减。如果说2013年是P2P网贷独领风骚的话，2014年则是众筹异军突起，为小企业面临的融资难、融资贵等问题提供了解决路径。

但我国的投资文化和信用环境与国外大相迥异。在电商领域，可以明显看出众筹模式的多重维度。众筹模式不仅是商业模式，也可以是拓梦模式，还可以是对创意创业表示欣赏和支持。所以众筹是一种模式，但并非一定只能是商业模式。众筹可以多维度，可以是资助理想和艺术，也可以演化成关乎梦想的实现。在众筹平台上，每个人的梦想都有实现的可能。同样，对于用户来说得到的不单单是一个结果，而是参与故事的过程。拓梦者和寻梦者之间，不仅仅会有实际的利益追求，更多的是精神意义和广交益友的价值。

"众筹"模式的兴起，事实上也成了一个非常有效的营销途径。众筹的结果，本身就是一份市场调查：众筹的过程中，可以与用户交流、改良产品、优化项目。而对于公关能力较弱的初创公司来说，众筹无疑是一次难得的曝光机会。事实上，网络众筹平台本身就是一个企业个体形象展示的平台。这种从金融到营销的延伸，让众筹能够同时完成新品上市、用户参与、品牌传播等多种营销功效。互联网时代，消费者的需求更加个性化、碎片化，众筹项目更加精准细化，可以满足客户具体化的需求，即我们所说的小而美的项目。所以满足了用户的需求，就有可能赢得市场。下面的这些例子有的是筹集资金，但更多的是梦想的筹集，或者再赤裸裸地说就是营销手段，但给我们的启示就是——梦想还是要有的，万一实现了呢？

RealBrella——不会淋湿肩膀的雨伞

知乎原文

[你有哪些曾经自认伟大、能赚钱的创意，却发现已经被别人实现或被证明不可行]（删减版）

感谢大家的支持，几天工夫，已经有2500的赞同。很多朋友回复或私信认同的是积极做事的态度。很感动，一个设计师最大的快乐就是大家认可！谢谢大家。

另外，我不会在本帖下面回复关于雨伞的问题了。我想让大家关注到我写这篇回复的目的：行动，是实现梦想的最佳路径。让这篇文章鼓励所有有梦想的人，敢于踏出第一步。前进！

——————————以下是原文的分割线——————————

现在，我觉得我可以回答一下这个问题了。

因为我现在就是在做这件事——做一个别人早已有过类似解决方案的产品。大学的时候学工业设计，对拟物感兴趣，构思过模拟手的形状做一个沙发，应该比较有创意。毕业后，我在路边的家具店里看到了这个。嗯，没错，和我的想法一模一样。我的朋友说："一个设计师的想法被别人实现了，是他的耻辱。"我有点郁闷。

2000年的时候,我发现下雨的时候,用一般的雨伞,一侧的肩膀容易淋湿。当时我就在想,能否做一个不会淋湿肩膀的雨伞呢?分析问题的原因,是因为伞的中心与人的中心不重合。伞的中心会偏持伞手一侧,同时位于身体的前方,于是形成了一侧非常浪费,一侧又不够的情况,于是肩膀和后背就会被淋湿。于是,我初步构想出这样的一个设计。

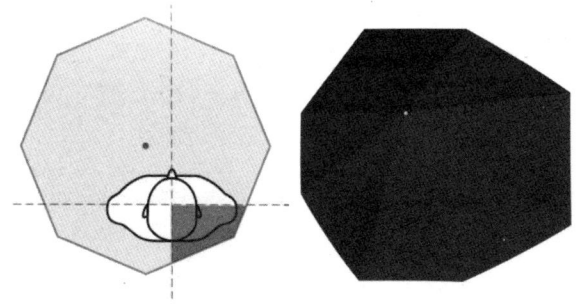

图 3-32 设计设想图

如上图,我把伞的中轴向前和左侧移动了一下,使人的中心可以与伞的中心重合,这样就不会被淋湿了。然后我向哈工大的材料系同学了解材料方面的知识,是否可以在做成不对称的情况下,仍然能够保持伞的平衡性。然后我就……把这事儿放一边了。

2011年的时候,我看到了这家伙,被shock到了。

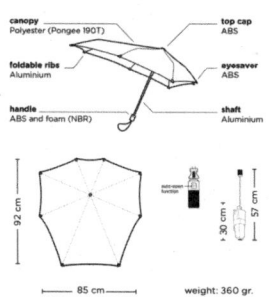

图 3-33 设计执行图

senz风暴伞，专为抗大风设计。而且，他竟然获得了一大堆国际的设计奖，什么红点if，好像还有gooddesign。我心里想，MD被抢先了。

　　我心里也窃喜，原来，不对称的这种设计，是可以被人接受的。我继续研究他的设计，发现仍旧没解决后背被淋湿的问题，于是我觉得我的设计还是不错哒。senz风暴伞给了我信心。

　　我想，我把这个设计申请专利吧，然后就像唐骏和孙正义一样，卖专利就能赚大钱，娶媳妇，生娃，放羊。直到我搜索专利的时候，看到了25年前，在杭州的一个做水泵的工厂里，有人思考过这个问题，并且做出了自己的构想图，申请了专利！我缓了几年，又不死心，我的和他的不一样呀。于是咨询专利申请的人，他们看了图纸后说，可以申请，你的设计和他的是有不同的，虽然都是想解决同样的问题。我就把我的设计"吭哧吭哧"地申请了专利。花了2500块钱，放在那里。又过了2年，我在网上无意中看到了这货。还上了CCTV我爱发明，还进入决赛了，在网上一看，认可的人还很多！

图3-34 产品实物图

　　很多人到这一步，就放弃了。我没有。我想，这证明一件事情，这个领域，有市场！

　　这里我想对楼上的各位朋友说：如果你做的事情，上网一搜，发现没人做，你一面欣喜一面也要担心：你会不会是一个开拓者，你开拓的领域，究竟有没有市场空间？你是扎到了蓝海里，还是扎到了死海里？你是会成为先驱，还是先lie？所以，有人做，并不是坏事。至少证明这条路可以走。

当windows雄霸天下的时候，Linux是否放弃了自己的想法？

当Intel占据主流的时候，AMD是否放弃了自己的坚持？

当可口可乐已成为一个帝国的时候，百事可乐是否把自己的梦想亲手扼杀？

当亨利·福特看到第一辆奔驰车三轮车的时候，他想的是："我可以做得比他更好！"

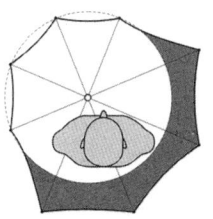

图3-35 产品改进设计图

我可以做得比他更好！

带着这样的想法，我上路了，开始找工厂打样。还好深圳周边有雨伞厂，否则难度更大了，但是，找了十几个工厂，没人理我。我不气馁，继续找，继续磨。终于，有个兄弟生产不忙，帮我打了一个样品，花了500块——这个价格可以买一只全碳纤维的雨伞了。但当他打开的时候，我的脸都扭曲了。这，这就是我那牛哄哄的设计吗？是亲妈生的吗？我迅速地平静下来，安慰自己，毕竟，毕竟打出样品来了，爱因斯坦还做了三个小板凳呢。师傅说，这样的设计，很难生产，要开模。开模多少钱？10万！我勒个去，还不确定市场是否认可我就投10万进来，这不符合精益创业啊！

改设计吧。改啊改，改成了这个样子。于是再次打样，出来的效果心里舒坦了一些，是这个样子。

图 3-36 产品改进后实物图

我是这样的感觉。事情到这一步，完成了么？没有！十分之一都不到。好产品还要卖出去！

而且，这个设计我满意了，市场认可不认可还是未知，投入几万块生产出来，万一市场不接受怎么办？那还是失败！

还好，国内已经有众筹了。虽然有一些文章说国内的众筹变成预售了，我觉得这没什么不好！对于精益创业来说，这是最好的平台，即便众筹失败，也是用最少的投入，测试了市场反馈。我在打样期间一直在关注点名时间。产品卖得挺火，心里挺高兴。打样ok了，找朋友拍了照片，找设计师做了宣传图，然后给点名时间打电话，询问上产品的事儿，点名的回复是："非智能类的产品我们不接受了。老子转型只做智能类产品了。"没事，我不放弃，这么多弯路都走过来了，点名不行我就上淘宝众筹呗。可是我没有店铺呀。没事，朋友有，好多年的兄弟，借过来用用。

然后提交审核。

第一天,审核中……

第二天,审核中……

第六天,审核不通过。

又一盆冷水。

几经努力终于联系到淘宝小二,说有几个地方不符合规定。改!改完了,提交上去,等审核,五天过去了,审核不通过,说不能放微信、qq,只能放旺旺。改,提交,审核又不通过。说金额不能超过5万,预付不能超过50%。改。提交,审核通过了。

呼……

马上给朋友圈、QQ好友发消息,寻求支持。朋友们支持了第一天、第二天、第三天,周末,没啥量。第四天,周一,淘宝把Realbrella放到了焦点第一位,这一天有200个支持者,阿里巴巴的员工也联系定制50支,艾默生也订购一批。上海一个大学的朋友要让我去给学生讲这个经历。

直到现在。十天时间,达成率70%。每天的支持人数稳定增长。项目应该会成功。

走到今天。

我想对楼上以及未来可能会看到这篇文章的朋友说:

1.一个想法,不要怕有人已经想到,有人已经在做,最重要的是,这个问题是不是让你困扰的,这个方案是不是一个good idea。

2.如果没有人做同样的事情,你可能遇到的是蓝海,但你要评估,你是否有能力开发这片蓝海,还是没等开发出来,你就已经粮草耗尽?

3.如果没有人做同样的事情,你可能遇到的是死海,你越坚持就死得越惨，关键是，你不知道该什么时候放弃，放弃早了，可能下一刻就有回报了，放弃晚了，你会付出更多。

4.所以，如果有人在做，这是一个很好的消息。记住，创业的人，要学会告诉自己这句话：这是个很好的消息。

5.一个想法到真实的产品之间，还有太多的距离，你可能要改设计，不断地改，在你的设计理念和实际生产之间找到平衡。

6.打样和量产之间，也有一段距离。君不见点名时间大面积跳票，为什么？因为打样的时候没有考虑到量产时遇到的批量问题该如何解决。

7.即便这些问题都解决了，用什么样的方式来经营这个项目，也决定了这个项目的发展。

我是用互联网思维来做的，众筹的定价不赚钱，获得种子用户，这就是免费获得流量的思维。口碑传播出去后，恢复正常售价，获得合理利润。

写到这里，也是把这跨越了14年的经历做一个总结，这14年里，我浪费了时间，但我终究向自己的梦想迈出了一步。这14年，也是我打磨自己的过程，让我的理念更加稳重成熟，使我可以驾驭得了这个项目。

十年磨一剑，如果你认定这个事情，请坚持，请马上行动！

这个世界上，用思维是杀不死人的，想杀人，至少要抬起手来。

这个世界，有太多的不完美，每个有想法的人，都有机会把世界变好一点点。但可惜的是，太多人放弃了。我们都会死的，即便我们是流星，也要划出自己的轨迹，让我们的光芒，被世界看到！

PS: Realbrella——不会淋湿肩膀的雨伞淘宝众筹地址：淘宝众筹-

项目详情

首页-RealBrella锐乐伞设计师总店

这是一篇在知乎上获得高点赞率、大量传播阅读的文章。网络化的语言表达、很多表达内心戏的图片、不抛弃不放弃的精神以及鸡汤式的结尾让人看后不得不转发、点赞，因为干货太多！

但是，要告诉你：恭喜你，你中招了！这其实是一篇软文。RealBrella为了打造一篇优质软文也是蛮拼的。为了提高转发率，弱化软文感觉，避免整齐划一的排版造成刻意为之的印象，RealBrella用网络化的语言表达方式，图片放置看似随意但表达准确，反复强调被打击不放弃，强化励志元素，总结RealBrella诞生过程的7点心得，结尾励志煽情让读者有收获。当然，RealBrella选择在众筹项目达成率为69%直至众筹"接近成功"时开始推广也是有意味的，人们更愿意锦上添花，而不愿意雪中送炭。

这就是RealBrella在淘宝众筹上所做的新媒体营销案例。2012年，众筹模式兴起，2014年在国内已具备较高的用户基础，2014年7月，RealBrella登录淘宝众筹。即便坐拥淘宝巨大流量，但淘宝众筹作为淘宝新栏目，流量无法与淘宝主页相比，在淘宝众筹首页推荐第一位的情况下，日成交量100左右，按此比例计算，项目很有可能失败。所以RealBrella选择通过知乎提问《你有哪些曾经自认伟大、能赚钱的创意，被发现已经被别人实现，或被证明不可行？》打造一篇优质软文；在微博、微信、公众号、豆瓣等新媒体进行传播，软文内置链接引流至淘宝众筹页面，形成销售；为了避免软文痕迹明显而导致转发率降低，故选择RealBrella众筹项目达成率为69%时开始推广，形成我就是为了实现梦想而坚持努力的逆袭形象。

最终，知乎点赞8000；近140家微信公众号转发此文章，预计阅读人数超过800

万；《瑞丽》杂志报道。随着网络传播级数扩张，淘宝众筹一周售罄。购买人数5910人，销售额309113元。长期位列淘宝众筹支持人数第一。

从功能需求进行切入的产品定位，充分利用新媒体这一传播媒介，在未投入任何宣传成本的情况下，获得大量用户，精心选择的话题以及具备大量活跃用户的传播平台使得RealBrella的众筹大获成功。

互联网众筹国民笔记本——小新的互联网营销之路

联想成立30周年，成功登顶PC NO.1，同时需面对互联网浪潮下的转型。互联网带来了信息的平权，客户成为了真正意义上的货币选民，而怎样顺应互联网带来的信息革命，更快更好地响应用户，更深度地沟通、满足用户，做出真正客户需要的产品是传统PC厂商面临的挑战。小米等一些互联网化的公司，利用粉丝经济、用户参与感，打造了良好口碑，PC竞争品牌也在积极尝试和探索转型之路。联想需要一款互联网化的产品在线上市场获取大幅增量，拉升整体市场份额，打造互联网营销口碑。

在互联网时代全面到来之际，用户更期待真诚沟通，渴望参与。传统品牌需要顺应用户习惯改变，拥抱互联网变革，提供用户参与感，直接互动积累粉丝。探索行之有效的互联网营销模式，是联想在互联网时代的品牌转型中所必须要做的。联想的策略是通过众筹洞悉客户需求，快速迭代满足客户诉求；把握节奏采取脉冲式销售，多平台战略合作获取精准流量；抓关键环节精细化营销管理，开展持续封闭营销与增值销售。

互联网时代最活跃也最具传播力、最渴望沟通的一群人，正是联想笔记本——"小新"的目标客户（大学生和初入职场的白领）：收入有限但又重性能配置，他们的互联网原驻民性使精准洞察TA的需求变得更具可行性，而满足他们的需求后也会借由他们的互联网活跃属性,带来小新品牌价值和口碑的提升;随即,联想将营销方案的核心创意定位为——联想小新,互联网第一PC爆款,以用户为中心,快速响应迭代。

图 3-37 联想小新"够高"及"够范 er"篇

在销售渠道上,利用天猫、京东、苏宁及联想官网,打造联想自主电商影响力,尤其与天猫战略合作进行大量站内推广。

图 3-38 淘宝主页宣传

其次,在目标用户活跃的Social(新浪微博、微信)和论坛(百度贴吧、电玩巴士等活跃社区)平台话题炒作,与客户深度且持续地展开互动。

1.推出#那都不是事儿#小新搞定12星座极品女友漫画,传播逆袭小新搞定12星座极品女友。

图 3-39 12星座极品女友漫画

2.#小新"爆米花"#引爆联想、媒体高层互动——Cnet执行总编@老凉在新浪微博发起了小新"爆米花"讨论,联想大中华区总裁@陈旭东进行了发声回应,同时还@刘瑞刚@小刀马@牛角尖3位业内资深人士进行了话题参与,@聚焦数码等2位百万级微博大号对话题进行了推转。共产生转发评论互动量4400余条,累计影响人次达586万。

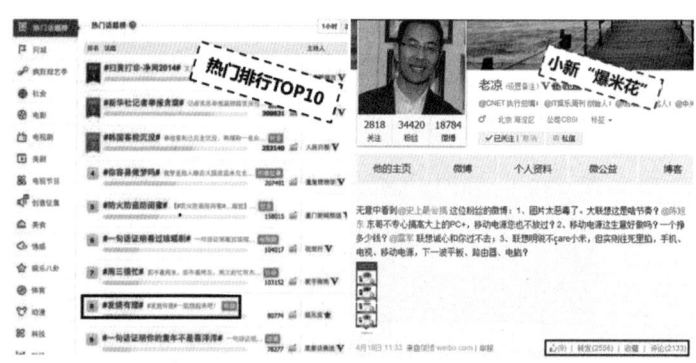

图 3-40 #小新"爆米花"#互动页面

3.#发烧有理#话题炒作强势挤入微博排行榜前十,新品上市期间在新浪微博进行#发烧有理#话题炒作,官方微博发布发烧檄文、联想高层发起发烧活动、外围加热炒作等多维度进行传播。当天#发烧有理#话题强势挤进微博热门排行榜TOP10,产生话题参与量10万条,产生评论转发互动量约3万条,影响人次共计6910万。

4.大学生人群病毒视频疯狂分享。优酷网上《小新来了》病毒视频,播放次数高达5781次，站外展示1191次，评论146条；百万级微博红人大号发布视频，累积阅读94000次，转发评论产生近1000次。最后，ITVertical产品评测新闻稿件疯狂上线，CHIP实验室小新移动电源暴力测试惊爆全场。CHIP实验室暴力评测在@CHIP《新电脑》官方微博发布，受到网友热烈关注，产品转发评论共7500余条。借势IT垂直媒体ZOL，上市之前发起"国民笔记本"众筹活动，制作众筹专题大力推广；小新上市后ZOL总编承健发布评论文章，对联想此次"互联网思维"转型做出高度评价；新品评测和图赏也在上市前期陆续上线，小新移动电源和笔记本上市当天各发布一篇上市通稿。小新新品上市的传播汇集了多方资源，共占据网站黄金推荐位40余个。

图 3-41 《小新来了》病毒视频

图 3-42 实验室暴力评测

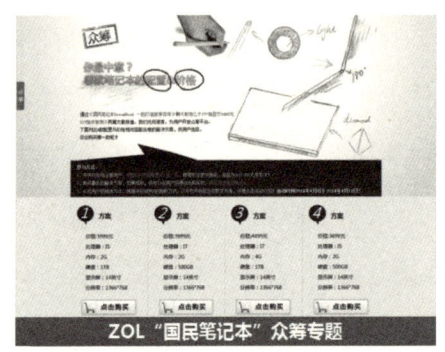

图 3-43 ZOL "国民笔记本" 众筹专题

联想通过众筹、舆情监控了解客户评论与需求，采取脉冲式销售，快速响应把握节奏：常规期积蓄势能，抢购期集中爆发，同时制造话题传播节点抓关键环节。精细化营销管理：获取平台流量支持资源，流量计划精细化分解，拆解到每天的目标，对流量、转化率进行监测并及时调整流量方案，最终得到了互联网的高关注度，满足了用户对产品的呼唤。

开卖当天创下了7分钟2万台售罄的秒抢纪录；

开卖4天联想官网和天猫旗舰店，总订单超出280万份；

成交总额高达7998万元；

天猫份额高达41.3%；

整体活动期间UV高达543万。

联想小新，因网络时代而生。它是一次探索，是一次全新的挑战，也促动了联想的自我变革，互联网下，唯快不破，而精准满足客户需求更是成功基石。

吃货大赛第二季——中粮好舌头评选活动

广告的目的就是宣传，而宣传的目的就是刺激消费者购买。作为电商来讲，实效就是电商的本质，中粮集团推出了"中粮好舌头评选活动"，这不是严格意义上的众筹，却是全民参与的最好体现，不明真相的群众都在问："一瞬间所有认识的人都在微博上吃腰果是为了什么？"可见，中粮做到了全民互动参与。

中粮集团是著名的食品领域内的多元化产品和服务供应商，也是国内较早进入电子商务领域的大型企业。在缔造中粮大品牌的战略过程中，飞速发展的电子商务成为中粮市场与品牌不可缺少的组成部分。但由于其传统行业的特点，面对电商的巨大契机，中粮除了自建B2C平台之外，也需要在大型电商平台上开拓市场。中粮选择与专业的电子商务整体托管商瑞金麟合作，从而转移了运营电商的风险。目前，其天猫旗舰店也已经顺利运营四年了。

中粮集团的目标人群是：喜爱零食，但也注重食品的品质，关心家人健康，希望在贴心体验中购买高品质产品，创造健康优质生活的消费者，并且也是微博、微信重度使用者，本身具有较强的传播能力，热爱美食，对于"吃"有自己的态度和观点，乐于分享。基于这几点，中粮邀请了900名中粮特约试吃员，以及30位意见领袖作为队长、32位大咖评审团点评，开始了"中粮好舌头"的评选活动。

具体过程为：先通过豆瓣、微博等网络平台邀请参与者，筛选30个符合要求的推荐人，同时加入微信群，告知活动规则。接着，30个推荐人每人派发30个试吃方案，同时征集出900+套方案（晒出）并由30个推荐人各自甄选出最好的一套方案，参加PK。再将"中粮好舌头"选拔出的优秀方案，通过微博平台发起评审团投票，由评审团在30组方案中选出自己支持的一组，转发活动主贴，在微博平台进行公示，同时，主办方进行统计，将专家评审团的投票过程进行展示。最终，选定粉丝投票最高的一套方案，推荐人及写手获得非洲游大奖。

图 3-44 #中粮吃货大赛第二季#话题开启

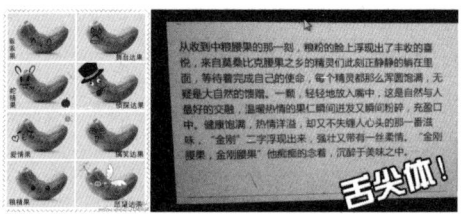

图 3-45 网友上传"腰果图"图 139 网友撰写"舌尖体"

在活动过程中给试吃装作展示，同时进行起名与撰写吃货语录。收集到的吃货语录有写吃的感受的，有晒与试吃装合影的，有对试吃装进行艺术创作的，有以腰果题材画漫画的，还有职业写报告的。

针对本次吃货语录进行评选活动，中粮对产品包装采取了趣味化专门设计，腰果包装设计得很像iPhone的手机包装，将设计统一往手机界面靠拢。又恰逢世界杯，在活动设计中融入足球的元素，同时根据赛程进行部分植入调侃。

图 3-46 腰果产品包装设计

给聚划算的正式产品做腰封，展示优秀吃货语录。同时，添加微信二维码，扫码关注拍照即可继续上传语录，参加每月定期评选，延续活动热度。

图 3-47 吃货语录腰封

图 3-48 吃货语录组图

草根大号参与到有趣话题中：在话题下面，由于#吃货语录#的火爆，很多草根大号纷纷参与，直接把话题推向热门话题榜。"吃货语录"话题曝光量达3500万次，活动结果公布当天，"吃货语录"话题登上了当日微博热门话题排行榜第一位！"中粮粮粉团"官微曝光1200万次，官微新增活跃真实粉丝增长约2.3万名！"中粮_粮粉团"微信账号新增粉丝超过1000人，收集有效产品建议反馈超过300份！"中粮_粮粉团"通过本次活动，建立了超过50人的KOL微信群，将认同中粮品牌的，有态度的"吃货"有效聚集并通过微信高效沟通，为中粮粉丝经济运作打下坚实基础。作为好舌头福利，中粮集团特聘试吃员，享有中粮所有新产品试吃权，有专属名称的中粮纪念产品。

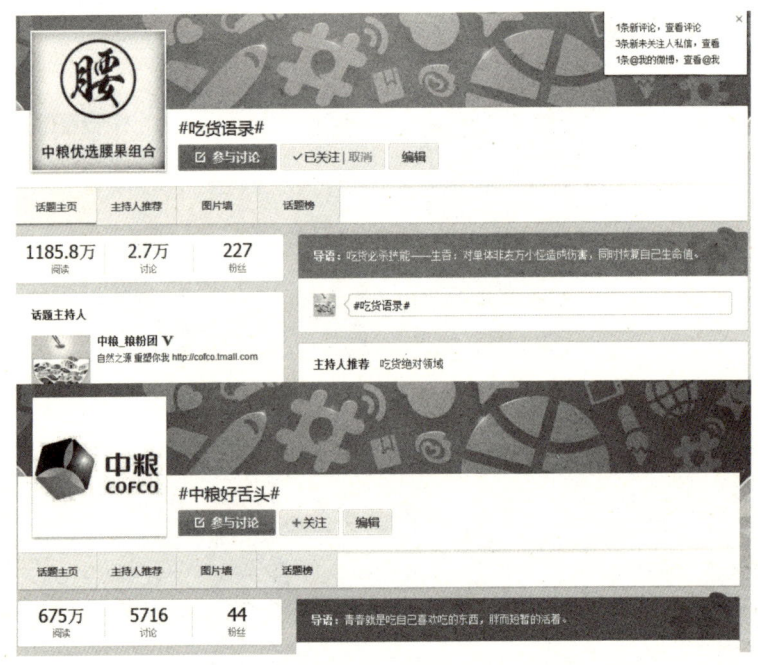

图 3-49 #吃货语录#、#中粮好舌头#主页

本次腰果的推广活动，针对微博、微信、豆瓣、聚划算等各自平台特点，合理有效整合资源，达到了预期的活动效果。后续又邀请电商圈和营销界知名评论人士执笔撰稿，包装案例，进行案例传播，进一步扩大中粮品牌和美滋滋腰果的知名度。整合聚划算活动资源，活动策划阶段与聚划算平台深入沟通，获得额外流量支持，两天售出8021套，共32084罐腰果。

中粮作为典型的快消品企业，旗下的103个子品牌每年与消费者的接触点高达600亿次，中粮项目将继续探索和建立统一线上线下会员体系的新营销方法，开辟数字化条件下的快消行业发展新模式。

社交网络兴起后,"人际网络"越发成为一种筹码。众筹,有时需要筹集资金,有时需筹集关注或是传播。在这个"赞助"过程中,产生一传十、十传百的传播效应,整个众筹流程自然良性运转。众筹这一互动过程,会给人产生强烈的参与感,给产品提意见,甚至参与到产品设计的流程中,使得消费者很容易对品牌产生感情。

随着众筹新模式的推陈出新,它的外延正在逐渐扩大……

公益是大益
——电商时代的公益营销

相较单纯的促销活动，公益营销不以自身利益为出发点，但是能获得长久的利润，树立良好的品牌口碑，营造健康的社会风气，是一种大益。

公益营销是指企业立足于人的全面发展，以人类的福祉和社会的进步为出发点，以开展公益活动的方式向消费者传达企业理念，树立高尚的企业形象，使其认同企业理念，进而搭建一个让消费者认同的营销平台，以此来引导消费者，使其对企业的产品产生兴趣，在购买产品时优先选择该企业产品，从而促进市场销售的一种营销方式。由于公益营销不是以单纯的盈利为目标，而是为了实现企业、社会利益的双赢，因此，公益营销既不同于一般的促销活动，也不同于公关活动，在买方市场中，人们对品牌的感知已经转变为一种心理体验，所以品牌经营需以用户情感为出发点，让人们在心灵上引起共鸣，合乎普适的道德规范和人类情感，能够让消费者产生好感，在消费者心中树立起品牌形象。

在电商时代，公益营销的作用不可忽视。公益活动能够辅助企业盈利，公益营销作为一种新型的电商营销手段，也逐渐地被电商们当作一种有效的推广方法而广泛使用。电商通过开展公益活动，能以一种成本低廉、高频亮相的方式提升电商的知名度和美誉度，全面塑造电商形象，是电商建立和宣传其慈善形象的重要途径，同时这也与当前消费者对企业承担社会责任的呼声日益高涨密切相关。中国传统的儒家文化对重义轻利的价值观的强调，也让公益成为一件具有人文精神、社会价值的事情。因此，当电商戴着公益的光环时，消费者会更加信任这些电商品牌，对产品也会更加青睐。

电商做公益营销必须着眼于长期的品牌效应，而非短期利益。将电商的商业目标与慈善目标结合起来，通过做公益，带动销售额的增长、知名度的提升和美誉度的塑造，融洽企业与社会的关系，让消费者和潜在消费者逐渐关注电商品牌，对电商及其产品产生好感和购买忠诚度，为品牌的长远发展投资。电商应将公益与短期的战术行为严格区分开，公益不等同于举办一次活动、一次捐赠。公益战略必须以传达企业的核心理念为使命，围绕品牌理念举办公益活动，在公益宣传中，要真正给弱势的群体或地区带去实惠，而不是空喊口号。电商要坚持在公益活动中办实事、做好事，正确认识消费者和受益群体在公益营销中的作用，避免媒体在公益营销中过度炒作、喧宾夺主。在公益营销的具体操作中，电商要避免因循守旧，要结合电商的特殊环境创新，用新的模式来开展公益营销，因为在买方市场主导、情感营销的时代，消费者对包括公益在内的很多营销方式会产生审美疲劳。因此，电商开展公益营销，一定要有战略思维，不能将公益营销作为电商的摇钱树。

公益营销是一门多赢的艺术，电商要从关爱人类出发，以人道主义和人文关怀承担起社会责任，在公益的平台上拓宽视角，实现电商存在的终极意义。通过活动和产品，实现电商的企业愿景和品牌承诺。公益营销面向的受众也会转化为消费者，通过公益营销的方式赢得的这类消费者的忠诚度往往高于一般的消费者，电商市场也会更稳定。许多知名公司在制定长远发展规划的时候都会将公益事业作为一项重要的战略来布局，从这点来看，公益也是电商经营策略中一个不可忽略的组成部分，是电商树立品牌形象的重要举措。

电商时代做公益的具体方式也要相应调整，要刷新对公益的看法。过去企业习惯以单纯的财物、人力的方式来表达善意，而在电商时代，社会化媒体让信息的传播不再有局限，人们被各种慈善信息包围，过多地用传统方式做公益，会显得千篇一律，甚至让消费者感觉电商在作秀。因此，电商要采用与生活联系更为紧密、参与更广泛、互动性更强的公益活动方式，尝试在社会中做公益的新话题、新方法、新思维和新模式，在善意、目的与能力、资源、投入之间建立良性循环，让电商公益获得可持续发展的动力。把电商公益与企业战略、品牌形象和日常生活深度整合起来，达到三方面互利共赢的新局面。

波奇网：世界围爱

波奇网作为"最有人情味"的电商公司，一改以往人们对于电商的负面理解，借助新媒体渠道，发起了一次拒吃狗肉的公益倡导活动，让人们重新认识"人与宠物间的关系"，从而重新构筑"波奇与用户的关系"。

玉林狗肉节前夕，明星集体发声抵制玉林狗肉节，使该类关键词热度上升，但是全国性微博公益矩阵尚未形成，没有良好的合作模式。拒吃狗肉仅仅停留在倡导的层面上，缺乏事件营销，波奇网希望通过开展拒吃狗肉的公益活动，深化电商形象，从而增强波奇网品牌的曝光率。往年的电商公益营销，大部分的公益专题只以宣传为主，网友的参与度不高，同时与玉林狗肉节相关的营销，宠物行业相关者往往各自为战，尚未形成一股势力。因此，波奇网推出此次公益活动并非是禁止吃狗肉、抵制狗肉节，而是在尊重地方文化的同时，更号召尊重每一个生命。

活动以"世界围爱，点亮地图"为核心，以"狗肉节还是狗狗劫"为话题，呼吁网友抵制6.21狗肉节，让网友选择关心的城市地图的蜡烛，按下鼠标分享爱心，波奇网就相应地捐赠狗粮、猫粮。具体活动方式为：选择所关心城市地图的蜡烛，按下鼠标分享爱心，发表爱的呼吁到新浪微博@波奇网，收集100+爱心的省市即可点亮蜡烛，被点亮的省可获得20包猫/狗粮的捐赠，每个被点亮的省市对应一个公益组织，在活动结束后，排名前三的省所对应的公益组织获得500包猫/狗粮的捐赠。媒体宣传结合新媒体推广平台,在微博上进行原创软文推广、话题主持人推广、热点关键词优化、微博红人推广,在微信平台上进行群发曝光、优化搜狗关键词、KOL推广、微信朋友圈扩散,并结合论坛、贴吧、IM进行推广。

活动从6月13日开始准备,6月19日开始执行,6月20日活动达到高潮,节日当天,活动落下尾声。点亮爱心地图的活动,共募集146213次爱心,通过与全国32家公益组织的合作,结合捐赠猫粮/狗粮的刺激与对玉林狗肉节呼吁的表达,使得短时间内的波奇品牌曝光率以及活动参与度达到高峰。官方微博链接访问主要来源于官方微博置顶的微博后放置的链接,对微信日常群发图文阅读分析后可以发现,日常群发图文效果最优质的是第一天,而营销推广不受限。对比日常群发图文粉丝增量后可以发现,粉丝增量比较明显,并在第五天也就是6月21日达到峰值。贴吧推广链接访问主要来源于贴吧推广中放置的链接,自5月21日上线后,运营一个月的时间,共计带来11011次访问,其中峰值出现在5月22日,这与当天配合大范围的贴吧发布有关系,链接共计带来8350个新客户,平均跳出率77.94%,平均停留时间为2分16秒,促成订单4187个,交易量达5.2万。宠物行业公司首次以深度参与的方式与用户一起,重新解读"玉林狗肉节",不再是停留在口头上呼吁。

图3-50 拒绝狗肉主题宣传海报

通过此次事件营销，波奇网打造了全国公益矩阵，以活动为契机，借新媒体全渠道，以公益事件为切入点进行话题推广，从而拉升波奇网宠物电商第一品牌的形象。通过捐赠让彼此受益。整合网站现有优势资源，实现最大化曝光，通过各渠道形成推广闭环，以微信、微博、贴吧为主战场，展现了社会化媒体的力量，同时呼吁大众禁止虐杀狗、偷盗狗、遗弃宠犬、食用宠犬；呼吁政府出台相关法规，规范狗肉节流程；呼吁媒体公正客观报道事实，把更多目光吸引到宠物公益事业上。虽然无法推翻一个城市传统，但是投身于宠物救助的公益事业上，仍能帮助很多爱宠家庭。

电商做公益，需要将公益活动落到实处，拓展公益活动的链条，让用户和网民深度参与进来，并将实惠带给相关的利益群体。公益是电商对社会承担责任的表现，所以投资公益能会为电商带来长远的品牌效益和超越产品层面的良好口碑。

方太：一棵树的梦想营销

方太是中国高端厨电领导者，拥有近600项专利，在行业内遥遥领先。曾荣获行业至高"全国质量奖"，连续6年蝉联"中国公司人品牌调查"厨电占有率第一。方太首创体验式营销，并连续3年将其运用于电商营销方案中。2014年，方太选择从"文化"、"产品"两个突破口入手，在创新营销模式平台"味爱告白"中走情感路线包装产品，打造"产品"体验式营销，在"文化"中选择"绿色网购"这一创新公关营销，打造用户体验。

虽然低价格让人无法抗拒，但影响家电类目消费者决策的早已不仅是促销，家电类目消费者所期望的价值不只是产品本身，产品所附加的企业服务、品牌体验对顾客的吸引力同样很大。方太主张营销活动要满足消费者在功能需求之外的情感利益，增强用户体验，倡导绿色网购，通过开展社会热门公益行动，在社会化媒体充分放大方太营销公关内容的声量，成就品牌热门话题，提升服务内涵。

其具体方式为在双十一期间，与网民深度互动，增强与目标群体的情感联系。站内打造独一无二的体验式营销，站外引爆方太电商绿色网购公关话题，带动品牌影响力以及好感度全面提升。开展中国首个运用3D打印技术打造的社会化媒体公益互动活动——《万人一树》。邀请红人以及媒体进行内容创作，深度传递绿色网购的社会意义，引导网友进行互动讨论。大号自主参与，与网友进行深度互动，基于其媒体影响力，影响了80%的围观群众，活动达到三层级扩散，绿色网购话题形成社会性影响。创新的活动创意、优异的互动体验以及活动信息的多类型媒介资源扩散方式，让活动形成病毒性互动传播，活动效果远超KPI。创新公关营销创意，以高质量的内容吸引眼球，精耕原创内容，放大品牌公关营销效果。同时，时时紧跟热点，将品牌话题融入社会性话题中，软性触动用户，借助时令事件的高关注度，为品牌带来巨大的社会影响。多平台、多途径的参与方式，有效调动了用户参与活动的积极性。丰富的传播内容、有趣的互动形式被多名红人、公众账号主动传播，并且网友自创的3D一棵树造型还上了当天热门排行榜。

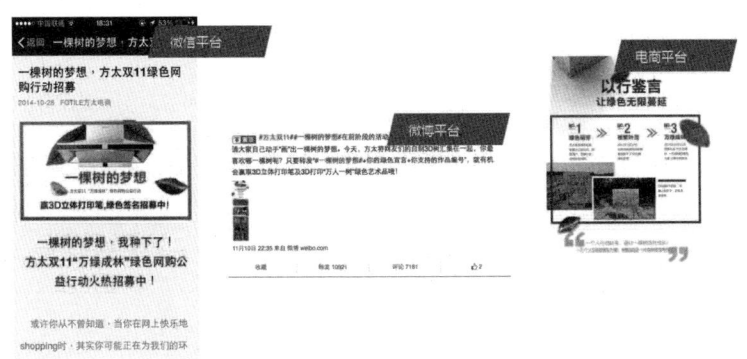

图 3-51　方太活动多平台互动

结合高科技创新互动活动（"万人一树"绿色签名活动）、紧扣话题（绿色网购倡议——一棵树的梦想）分享绿色网购宣言，采用软性传播的方式，使影响更深入人心。最终绿色签名采集量完成233%，话题阅读数完成140%。2014年双十一当天，方太实现天猫平台订单量21277单，销售量1亿多元，比2013年同期增长100%，位列天猫厨电类目排行第1名，大家电整体排行第10名。

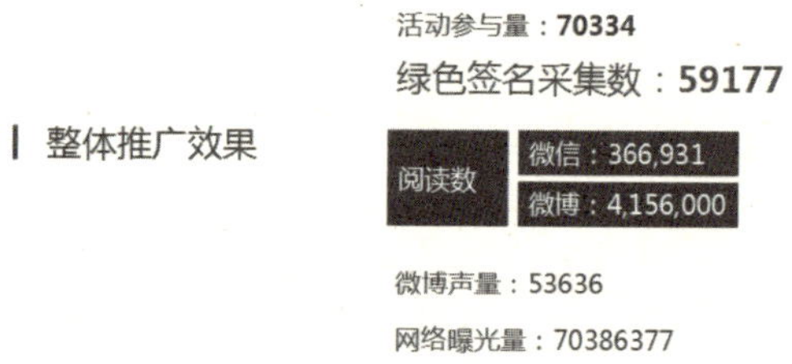

活动参与量：70334
绿色签名采集数：59177

| 整体推广效果

阅读数　微信：366,931
　　　　微博：4,156,000

微博声量：53636
网络曝光量：70386377

图 3-52 整合推广效果图

路途乐：梦为安全而造

路途乐专注于安全座椅，专注小而美的安全梦想，带给用户群最接地气的用户体验和亲子互动。

2014年，上海、山东、深圳相继为安全座椅立法，三地都规定4岁以下儿童乘车出行，需使用安全座椅，由此引发的全国范围内立法大幕即将开启。此项立法是建立在安全需要的事实之上的，但是中国儿童安全座椅使用率不到1%，相比于发达国家90%以上的普及率，差距很悬殊。因此，我国安全座椅市场潜力巨大。在目前的安全座椅品牌中，进口品牌依然占据市场大头，但以路途乐为代表的国产品牌也在异军突起，逐步夺回市场份额。

图 3-53 活动主题宣传海报

目前市场上的大部分竞品都是冷冰冰地把产品放在架子上,只有呆板僵硬的产品名称和功能介绍,用户的购买体验和售后服务没有跟上。路途乐打破了这一行业的常规做法,不但在产品本身加入动漫化的元素,同时在销售端口、售后端口、内容端口融入亲子互动的表现元素,让消费者产生前所未有的亲近感、新鲜感,进而产生品牌认同感,带动口碑的二次传播。

2014年,路途乐着力开展天使之旅活动,通过路途乐音乐天使安全之旅,用音乐的魔力诠释安全出行的重要性,进而打造一个培养宝宝兴趣的品牌。2014年10月,路途乐邀请网络童星小臭臭一起推出了路途乐之歌、路途乐MV,并在腾讯、优酷、酷6、乐视等各大网站上播出,共产生200万余次的播放量。

通过路途乐艺术天使之旅,和名人一起做公益,用更多难忘的镜头来传递安全出行的能量,将品牌萌宠化。路途乐微电影在各大视频网站广泛传播,播放次数达到264万次,引起网友纷纷赞叹和讨论,甚至有数位顶尖人才因为看了视频,专门前来路途乐考察,最终加盟路途乐大家庭。陆续推出微电影《家有暖宝》、《暖男十二星座》,还原创三季《乐乐讲故事》,每天播放一个小故事,陪伴宝宝入眠,播放次数18万余次,准时收听的家庭人数达上千人。

图3-54 故事天使视频效果图　　　　图3-55 儿童安全座椅科普宣传手册

　　通过路途乐科普安全之旅,把专业做到极致,将严谨全面的安全座椅知识体系、前瞻性的理论研发水平,出书成册,把企业做成了一个著书立说的品牌。受中国汽车技术研究中心之邀参与了《汽车安全技术蓝皮书》儿童安全座椅篇的撰写,从汽车配置儿童安全座椅的必要性、儿童安全座椅行业现状、儿童安全座椅产品技术发展三个层面,分析了儿童安全座椅为中国儿童安全出行保驾护航的必要性及现状,还联合出品《儿童安全座椅科普宣传手册》,通过科普宣传让更多家庭重视宝宝乘车安全,并正式开放路途乐儿童乘车安全科普基地,接待近数百名社区居民参观学习,受FM105.7上海交通广播电台邀请做客FM105.7驾车宝典直播间,分享儿童乘车安全及安全座椅的相关知识。2014年11月21日,受FM974车乐汇节目邀请做客珠江经济电台直播间,针对广州车展展开了一场普及儿童乘车安全的特别行动。

　　路途乐爱心天使安全之旅,不偷懒,不流于形式,一切亲力亲为,做出了属于自己的公益style,成为一个坚持做公益的品牌。2014年3月,在"黑苹果"慈善义拍上,路途乐以5万元价格拍下8位儿童的绘画作品,拍卖金全部捐助给慈善机构。2014年5-11月,路途乐举办多场公益活动,以义拍、义卖、宣讲等活动形式,让更多的家庭知道并了解儿童出行安全知识。2014年11月初,路途乐驱车前往四川省甘孜藏族自治区,为当地藏族贫困学子带来海量物资。通过路途乐欢乐天使安全之旅,路途乐将快乐传递给用户,用快乐产生认同感,打造一个传播快乐文化的品牌。

图3-56 路途乐"黑苹果"慈善义拍

路途乐在双十一开展了一场梦想照进现实的活动。2014年11月11日,路途乐单天单店7分钟销量破100万,40分钟突破2013年双十一全天销售额284万的纪录。开抢12小时,卖出1000万,2014年双十一单天单店销量是2013年的6倍,路途乐连续两次双十一霸占安全座椅类目销量第一宝座,成为行业的领军者。

路途乐,为安全而造,在同行业中综合实力最优,性价比最高,同时将公益与盈利结合起来,双管齐下直击宝爸宝妈的内心。做公益,也是做事业,更是担责任。

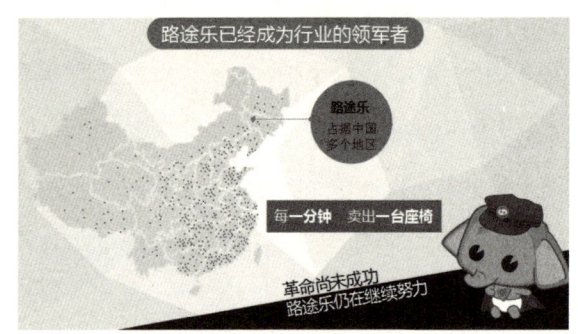

图 3-57 路途乐品牌布点图

一家成功的电商既需要充足的利润也需要良好的公众形象,电商不能只顾自身利益而忽视社会效益,也不能不顾自身利益而盲目回馈社会。总之,社会公益活动、营销活动都是发展中必不可少的活动,两者不能相互替代,每家电商都要根据自身情况找到两者之间的平衡点。

公益是大益,电商通过公益活动,将正确的理念和价值观传输给社会,以此来给社会积极的影响,同时也给自己营造一个更加广阔的发展空间,这也有助于提升社会道德水平。

图书在版编目（CIP）数据

创意营销：中国互联网营销新趋势 / 金麦奖组委会编著. -- 北京：中国友谊出版公司, 2015.8
ISBN 978-7-5057-3573-6

Ⅰ. ①创… Ⅱ. ①金… Ⅲ. ①网络营销—研究—中国 Ⅳ. ①F724.6

中国版本图书馆CIP数据核字（2015）第183204号

书名	创意营销：中国互联网营销新趋势
作者	金麦奖组委会
出版	中国友谊出版公司
策划	杭州蓝狮子文化创意有限公司
发行	杭州飞阅图书有限公司
经销	新华书店
制版	杭州真凯文化艺术有限公司
印刷	杭州柏盛印刷有限公司
规格	710×1000毫米　16开 13.5印张　179千字
版次	2015年8月第1版
印次	2015年8月第1次印刷
书号	ISBN 978-7-5057-3573-6
定价	42.00元
地址	北京市朝阳区西坝河南里17号楼
邮编	100028
电话	（010）64668676